JN440731

꽃은
지면서
춤을
춘다

꽃은
지면서
춤을
춘다

초판 1쇄 발행 2024년 05월 17일

지은이 황미연

펴낸이 임병천
펴낸곳 책나무출판사
출판신고 2004년 4월 22일 (제318-00034)

주소 서울시 영등포구 신길3동 325-70 3F
전화 02-338-1228 **팩스** 0505-866-8254
홈페이지 www.booktree.info

ISBN 978-89-6339-734-4 03810

꽃은 지면서 춤을 춘다

황미연 지음

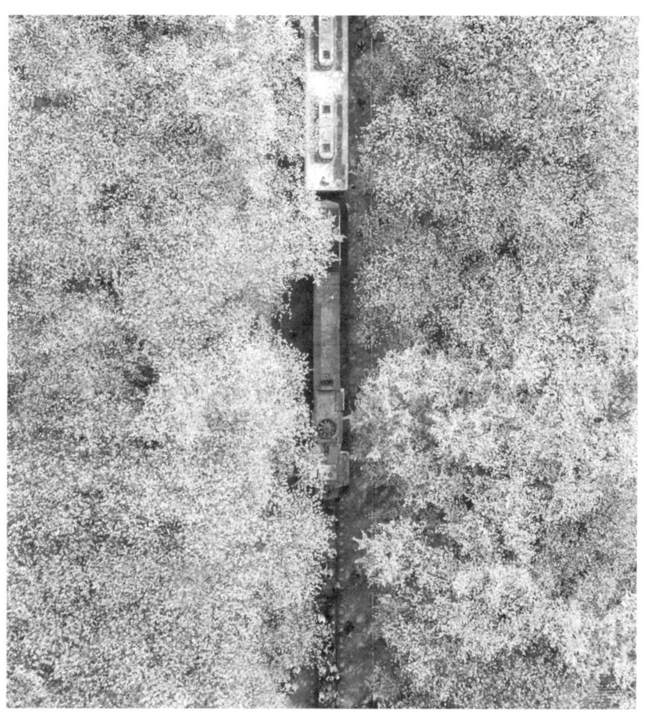

책나무출판사

| 목차 |

1장
꽃은 허공에서 피고

2장
마음 바깥을 서성거리며

3장

모든 순간이 절정이었다며

4장

푸른 소리 공중에 가득하다

| 작가의 말 |

봄이 왔다. 겨울이 떠난 자리가 화사하다.

원고 정리를 하다 보니 지구가 어둡던 몇 해 동안 집안에서 칩거하며 쓴 글이라 그런지 밝은 빛이 드물다.

어둠 속에 가만히 앉아 있으면 환한 어둠이 읽힌다. 그 어느 곳에서보다 더 선명하게 다가온다. 순하고도 뜨거운 눈빛을 만났다. 그 모습을 잊지 않으려고 글로 남긴다.

안에 들어도 바깥이고, 바깥에 있어도 안에 머무르지만 흔들리지 않는 중심으로 꽃 한 송이 피워보고 싶은 봄날이다.

세상은 온통 꽃밭이다.

2024년 오월 황미연

1부 ㅇ

꽃은 허공에서 피고

각인

벌써 한 시간째다. 응급실 입구에 누워있는 할머니는 몇 초에 한 번씩 "메에 메에" 염소 소리를 낸다. 입에 거즈를 물고 있는데도 소리는 밖으로 새어 나와 공중을 떠돈다. 사람들은 할머니 쪽으로 고개를 돌렸다가 계속되는 그 소리가 더 이상 궁금하지 않다는 듯이 자신들의 근심으로 돌아간다. 또 한쪽에서는 어린 환자가 "빼에 빼에" 울음을 터뜨린다.

탈진 상태인 딸아이에게 간호사가 다가온다. 노란 고무줄을 팔에 묶어놓고 힘을 주라더니 메마른 논에 물꼬를 트듯 손바닥으로 탁탁 두드린다. 혈관을 찾아 링거 바늘을 꽂자, 호스를 타고 내려온 수액이 몸속으로 흘러 들어간다. 푸른 물줄기가 여기에 오래 머물면 길을 잃어버릴지도 모르니 잘 따라오라며 꾸불꾸불 앞서간다. 쓰러져 있는 기운을 솎아낸 자리가 출렁거린다.

임신 초기 때 유산기가 있어 병원 신세를 졌다. 강물이 마르면

물고기가 죽듯이 양수가 부족해서 태아가 더 살 수 없을 것 같다며 의사는 수술을 권했다. 청천벽력이었다. 손이 귀한 집안인 것을 떠나서라도, 어떡하든 내게 온 생명을 끝까지 지키고 싶었다. 태아가 내 손을 놓아버리기 전까지는 포기할 수 없었다. 절대 안정하라는 의사의 말을 들은 후 사랑이란 옷을 겹겹이 입은 채 아무것도 하지 않고 오로지 태아만 보듬었다.

내 몸에서 생명이 자란다니, 그 생명이 산도를 따라 세상으로 나와 또 나를 만나러 온다니 얼마나 신비로운 약속인가. 그날을 기다리며 그와 나 사이에 방긋이 웃는 아기를 그려 넣고 날마다 들여다보았다. 옹알이하며 방바닥을 기어다니는 모습을 상상했다. 발을 딛고 일어서자 둥근 지구에 어린나무 한 그루가 심어졌다. 아기가 걸을 때마다 꽃이 피어나고 나무는 하루가 다르게 쑥쑥 자랐다.

분만대 위에서 딸아이의 첫 울음소리를 들었을 때 나는 세상을 다 얻은 것 같았다. 말할 수 없는 벅찬 감정이 차올라 눈물을 감출 수 없었다. 예정일보다 보름이 지난 후였지만 나를 믿고 잘 견뎌준 것도, 품에 안긴 것도 고마웠다. 생명의 숭고함을 알고 간절히 바랐기에 더없이 소중한 아이였다. 스케치북을 한 장 한 장 넘기면서 그려왔던 가족도가 실제로 완성되는 순간이었다.

화가 이중섭도 이런 마음이었을까. 서귀포에서 가족과 웃고 뒹굴며 지냈던 장면들을 화폭으로 옮겨놓았다. 황소가 이끄는 달구지에 아이들을 태우고 따뜻한 남쪽 나라로 가는 그림에는 가족이 함께 살 수 있기를 바라는 간절한 마음을 새겨 넣었으리라. 아이들이 물고기를 타고 바다를 유영하거나 발가벗은 채로 꽃게와 놀고 있는 장면을 보며 사무치게 그리워했을 테다.

언젠가 해가 막 저물기 시작할 무렵에 강가에서 염소 가족이 울고 있는 것을 보았다. 어린 새끼가 쪼그만 뿔을 자랑하며 까불내고 놀다가 목줄이 말뚝에 칭칭 감겨버렸다. 제아무리 버둥거려 봐도 줄은 더 바짝 당겨질 뿐 옴짝달싹할 수 없었다. 새끼 염소는 눈알이 튀어나올 것 같은 얼굴로 목을 빼고 울었고, 그 광경을 본 어미가 사색이 되어 헉헉거리며 쫓아왔다. 서슬 퍼런 뿔로 말뚝을 암만 치받아 봐도 감긴 줄은 풀리지 않았다. 어미는 눈물을 보이지 않으려고 어린 새끼의 젖은 눈을 핥고 또 핥으며 안절부절못했다. 염소 일가의 울음소리에 움직이던 모든 것은 정지된 채로 잠겨 들었다. 노을도 홍건해지고 어미의 발밑에서 뭉개진 풀잎도 울음바다가 되었다. 지칠 대로 지친 그들의 갈라진 울음소리 사이로 어둠이 서서히 내려앉았다.

그 당시 나는 태아를 생사의 갈림길에 세워두고 소리의 일가처럼 목 놓아 울 수도 없었다. 울음 빛이 새어 나가면 도사리고 있던 나쁜 기운이 덮쳐오지는 않을까 두려웠다. 혹시 무슨 일이라도 생길까 봐 외출은커녕 세상을 딛는 한 걸음 한 걸음마저 조심스러웠다. 언제 꺼져 내릴지 모를 살얼음판 위에서 초조하고 불안하게 보낸 날들은 생애 가장 간절했던 시간으로 각인되었다. 누구든 절박했던 순간과 더는 생각하고 싶지 않을 순간이 있을 테다. 축 처져 있는 딸아이를 보니 또다시 가슴이 철렁한다.

응급실의 시간은 더디면서도 급박하게 돌아간다. 병마와 각축전을 벌이며 내뱉는 소리가 쿨렁쿨렁 폐부를 찌른다. 의사는 죽음의 문턱까지 간 누군가의 마지막 일면이라도 건져 보겠다며 공중으로 몸을 띄워 보지만 반응이 없다. 하얀 가운 자락만 펄럭거릴 뿐이다. 육중한 몸이 가볍게 날아오른 것은 영혼이 하늘로 가기 위한 마지막 연습이었을까. 모니터에 낮게 그려지던 곡선이 일직선으로 바뀌었다. 이것은 생(生)에서 사(死)로 넘어가는 길이라며 안내라도 하듯 기계음만 냉엄하게 들려온다.

반면 누군가의 창백하던 얼굴에서는 핏기가 돌기 시작했다. 생의 길에는 희로애락이 깃들어 있어서 보폭이 좁을 때도, 넓을 때도 있다며 안도의 눈물을 흘린다. 길은 리듬을 타야 제맛이라는 듯 화면 속 곡선이 몸져누운 세상을 일으켜 세운다.

잠이 든 딸아이를 내려다본다. 언제 이만큼 자랐을까. 링거가 꽂힌 스무 살의 뽀얀 손을 어루만지며 이마에 흘러내린 머리칼을 쓸어 넘긴다. '괜찮아. 넌 지금 세상의 길을 익히는 중이란다.' 눈을 뜨면 좋은 꿈을 꾸고 일어난 것처럼 딸아이의 결은 한층 더 단단해질 것이다. 메에에 메에에, 빼에에 빼에에 소리가 응급실에 가득하다. 소리 일가가 흩어져 있는 가족을 부른다. 잘 참고 이겨내서 얼른 집으로 돌아가자며 뿔을 맞대고 있다.

미완성 연가

이른 아침부터 까치가 창문을 두드립니다. 내게 무슨 할 말이라도 있는지 바깥으로 나오라는 신호 같습니다. 들뜬 마음으로 옷을 주섬주섬 걸쳐 입고선 현관문을 나섰습니다.

싱그러운 공기가 폐부 깊숙이 들어옵니다. 숲이 서서히 기지개를 켜자, 그 속에서 잠자던 작은 생명들이 덩달아 하나둘 깨어나고 있습니다. 아침 햇살에 눈이 부신 청보랏빛 수레국화, 노란 애기똥풀, 연분홍 해달맞이와 눈주름을 만들어 가며 인사를 나눕니다. 모퉁이를 돌아서다가 여태 보지 못했던 분홍 아까시나무와 눈이 마주쳤습니다. 새로 이사 온 이웃 같아서 통성명하려고 경이롭게 바라보는 내게 지나가는 주민이 그 꽃에 대해 넌지시 알려줍니다. 오래전부터 그곳에서 살고 있었다는 말에 저의 무심함을 떨쳐버릴 수가 없습니다. 개화 시기를 놓치면 그럴 수도 있으려니 하면서도 낯설게 다가옵니다. 분홍 아까시나무는 북아메리카에서 태평양을 건너

이곳까지 왔다지요. 하얀 아까시나무보다 꽃송이가 더 크고 가시는 작습니다. '숨겨진 사랑'이라는 꽃말을 가슴에 품고 있다네요.

엄마에게서 숨겨진 분홍을 보았습니다. 돌아가시기 두 해 전이었어요. 꿈에도 상상해 본 적 없는 놀라움이었지요. 아흔이 다 되도록 어디다 꼭꼭 숨겨두었던 걸까요. 거죽밖에 없는 병든 몸에서 도홧빛이 새어 나오다니요, 도저히 믿기지 않았습니다.

어쩌자고 저 꽃은 이제야 피어나려는 걸까,

그날도 오늘처럼 봄꽃이 찬란하게 피었던 것 같습니다. 창문을 열고 청소기 전원 버튼을 막 누르려는 순간, 전화벨 소리가 울렸습니다. 언니 번호임을 확인하고 한껏 목소리를 높여 굿 모닝을 외쳤는데 수화기 너머로 천둥 치는 소리가 들려옵니다. 심상찮은 일이 벌어졌다는 뜻입니다. 엄마에게 좋아하는 사람이 생겼답니다. 황당한 소문에 코웃음을 치는 내게 요양원 수녀님이 전해준 말이라고 덧붙였습니다. 번개가 치듯 정신이 아뜩해졌습니다. 치매를 앓고 있는 노인의 말을 듣고 발끈할 일은 아니라고 서로 나무라면서도 저마다 의문을 풀어보려는 눈치였습니다.

누군가 던진 돌에 놀란 피라미 떼처럼 자식들은 엄마가 신세지고 있는 요양원으로 우르르 몰려갔습니다. 평소에는 시간 맞추기도 어렵다더니 다들 단숨에 뛰어온 걸 보면 어지간히도 급했던 모양입니다. 면회를 신청하고 기다렸습니다. 엄마가 휠체어를 타고 이 층에서 일 층으로 내려오고 있었어요. 여느 때 같았으면 승강기 문이 다 열리기도 전에 달려가서 얼굴을 비비며 그간의 안부를 물었을 겁니다. 그날은 누구도 그러지 않았습니다. 진위도 모르는 소문이 행간을 벌여놓기라도 한 듯 멀뚱하게 서 있었습니다. 무슨 말을 어디서부터 꺼내야 좋을지 서로 눈치만 보다가 둘째 언니가 조심스럽게 운을 떼자, 엄마는 담담하게 털어놓았습니다.

"몸이 다 낫거든 둘이 재미나게 살아보자고 그 사람과 약속했다. 너거 아부지한테 할 만큼 했으니 나도 좋아하는 사람과 한번 살아보고 싶어."

"……"

딸 넷 중에 유일하게 연애결혼을 한 나도 사랑하는 사람이 생겼다고 당당하게 고백한 기억이 없습니다. 허상에 지나지 않는다는 걸 알면서도 그 마음을 잘 아는지라 속이 상하고 마음이 아려왔습니다. 시공간을 넘나드는 일이 자유로워졌으니 내일이면 잊어버릴지도 모릅니다. 치매에 걸리면 최초의 기억으로 데려다준다더니 엄마는 사랑을 꿈꾸던 그 시점에 빈 배로 가 닿았나 봅니다. 달콤하고 씁쓸한 그 말을 입 안에 넣고 가만히 굴려 보았습니다.

꽃은 허공에서 피고 허공에서 진다지만,

엄마는 사랑을 알게 된 스무 살로 돌아간 것일까요. 눈이 맑게 빛나고 얼굴빛도 환해졌습니다. 창밖에 있는 꽃나무를 쳐다보며 옅은 웃음을 짓고 있습니다. 엄마의 숨결이 가지에 닿을 때마다 꽃눈이 조금씩 부풀어 오르는 것 같습니다. 헛꿈으로 피어나는 애틋한 저 꽃을 차마 꺾을 수는 없습니다. 치켜 올라갔던 자식들의 눈꼬리가 슬며시 내려오고 있습니다. 어찌해야 좋을지 몰라서 천둥우는 소리에 얼굴을 파묻었습니다.

일생 중에 마지막은 당신만을 위해서 살아보겠다는 그 말이 어찌 보면 당연한 일인데도 왜 선뜻 받아들이지 못했을까요. 모순적이라 여길지 몰라도 치매가 엄마에게 준 선물 같아서 고마운 마음도 들었습니다. 지루한 장마 중에 찾아온 빨래말미가 아니었더라면 바보 같이 저세상으로 떠나는 날까지도 자식들 걱정만 했을 테니까요. 늙고 병들었다고 사랑마저 잃어버리는 것은 아니라고 생각해요.

인간의 감정 중에 가장 진실한 것이 사랑이라고 했던가요. 사랑에는 기억과 희망에 호소하는 것이 있어서 저능한 지능과 냉정한 마음의 소유자라도 이 말의 희미한 빛만은 느낄 수 있다고 학자들은 입을 모읍니다. 요양원 관계자가 다정다감하고 살갑게 대해주니까 순간적으로 사랑의 대상으로 느껴졌나 봅니다. 일생 고독했던 엄마는 자신의 가치를 모든 것을 초월할 수 있다는 사랑 앞에 내세웠습니다. 배신감이 들 만큼 행복해 보였다는 것은 나 혼자만의 생각이 아니었을 겁니다.

자식들이 한 호흡으로 따라주었더라면 그 시간은 오래 지속되었을까요. 급속도로 나빠진 병마와 자식들의 일관된 침묵 탓인지 엄마는 그만 말문을 닫아버렸습니다. 연가 한 소절만 써 놓고 마무리도 못 한 채 깜깜해지고 말았습니다.

지상에서 올려다보는 천상은 손만 뻗으면 닿을 듯해도 아득한 거리에 있습니다. 엄마는 세상에서 가장 높은 곳에 앉아 자식들이 진일을 하면 고되게 쉬었다 하지 저토록 부지런 떠나 싶을 테고, 거처하고 있으면 밖에 나가서 바람이라도 좀 쐬지 않고 집 안에만 들앉았냐고 안타까워하실 테지요.

여기저기 꽃망울 터지는 소리에 세상은 환호성을 질러댑니다. 베토벤의 미완성 교향곡은 인공지능이 완성했다는데, 엄마의 미완성 연가는 어떻게 되었을까요. 식전 댓바람부터 전화해서 안부를 묻던 당신의 목소리가 그립습니다. 혹시 오랜만에 집 전화가 울릴지 모르니 그만 집으로 돌아가야겠습니다. 오지 않는 사람을 기다리는 일도 가끔은 행복하니까요.

눈부처는
웃으면서도 운다

바람이 분다. 나무는 이때다 싶어서 거대한 몸을 살짝 비틀어 잎을 떨구어 버린다. 잎은 또 다른 봄을 기약하며 자기가 내려앉고 싶은 곳을 향하여 날아가고 있다. 가지가 아직도 흔들리고 있는 것을 보니 나무는 그래도 시원섭섭한가 보다.

큰맘 먹고 가위를 들었다. 고무나무가 키만 삐죽하게 자라는 것 같아서 품을 넓혀 보려는 생각이다. 가만히 두어도 알아서 애지를 뻗어나갈 텐데 괜한 욕심을 부리는 건 아닌가 싶기도 하다. 물오른 양쪽 가지를 과감하게 자른 후 그곳을 랩으로 꽁꽁 싸맸다. 감싸놓은 가지 안에 나무의 하얀 눈물이 흥건하다. 그 모습이 아이들 젖 뗄 무렵의 내 가슴을 불러들인다.

녀석이 백일이 지나자마자 모유 수유를 끊었다. 타고난 뱃구레를 양껏 채워줄 수 없었다. 젖을 떼기로 작심하고 기저귀로 가슴을 동여맸다. 녀석이 내 가슴을 헤집으며 달려들었다가 흰 장벽을 보고 울음을 터트린다. 나는 젖몸살을 앓으면서도 애써 담담한 척, 녀석의 눈동자에 가서 눈부처*로 앉았다. 녀석이 배가 고팠던지 단숨에 우유 한 통을 비운다. 기저귀로 동여맨 곳도 젖이 삭아서 빈 가슴이 되었다. 고 어린 것이 백 일 동안의 아늑했던 풍경 속으로 다시는 돌아갈 수 없음을 어찌 알았을까. 흘린 젖을 닦아주던 손수건을 품은 채 잠든 모습을 내려다본다. 아무리 꼭 끌어안아 봐도 안타까운 마음만 더할 뿐, 이젠 한 품이 될 수 없다. 절집 부처는 웃기만 하는데 눈부처는 웃으면서도 운다.

자른 가지를 물에 꽂아두었다. 주위를 검은색 가림막으로 에둘렀다가 다시 걷어내고 볕 바른 자리로 옮겼다. 드디어 물속으로 뿌리를 내렸다. 마치 아기 젖니처럼 하얗게 쏙 나와 있다. 아픔을 잘 견뎌낸 게 기특하고 고마워서 틈만 나면 바투 앉아 톺아본다. 큼지막한 화분을 장만하여 부엽토와 굵은 모래를 골고루 섞어 넣고선 그곳으로 이사시켜 줄 적당한 시기를 기다린다. 사방팔방으로 뻗어가며 하나씩 자리매김할 상상만으로도 가슴이 부풀어 오른다.

녀석이 직장을 구하더니 원룸을 얻어 나가겠다고 선포한다. 일찌감치 독립하겠다는데 손사래 칠 생각은 없다. 스스로 알을 깨고 나가겠다며 벽을 두드릴 때 얼른 세상으로 향하는 문을 열어주는 게 내 몫이다. 방문에 기대어 짐을 꾸리고 있는 녀석의 등을 물끄러미 바라본다. 어릴 때 엄마와 만 밤만 같이 자고 싶다던 녀석이다. 숫자를 모르던 나이였기에 그 '만 밤'은 '셀 수 없이 많이'라는 무한정의 말이었을 테다. 까마득하던 그날이 오늘인가, 생각지도 못한 그 밤이 눈앞에 펼쳐졌다. 듬직한 산처럼 여겨지는 녀석의 등에서 푸릇한 기운이 뿜어져 나와 내 몸을 뚫고 지나간다.

뿌리 내린 가지를 화분에 옮긴 지 여러 날이 지났다. 봄날에 들이닥친 때아닌 눈보라도 거뜬하게 이겨내고 보란 듯이 연둣빛 잎눈을 내밀었다. 아기 손바닥만 한 이파리에 군데군데 갈색 점이 박혀있는 것을 보니 몸살을 된통 앓았나 보다. 홀로서기에 어찌 아픔이 없을까마는, 스스로 해냈다는 자신감의 표시 같은데도 먹먹함을 안겨준다. 열대지역에 살던 고무나무의 먼먼 조상들은 사람들이 하얀 진액을 받아 가기 위해 칼로 아로새긴 Y자 모양의 상처를 하나씩 안고 살았다. 그들의 후손답게 이만한 일쯤이야 아무것도 아니라는 듯, 이파리가 두툼해지면서 초록이 짙어간다.

녀석의 발길이 뜸해졌다. 자리를 잡았다는 뜻일 게다. 주말마다 오던 걸음 대신 믿음직한 목소리가 전화선을 타고 넘어온다. 새끼를 절벽에서 떨어트리고 날개로 받아 가며 강하게 키우는 어미 독수리는 아니었지만, 토끼를 잡을 때도 최선을 다하는 사자가 되어야 한다고 일러주었다. 누구에게든 세상에서 가장 든든한 지지자는 부모의 믿음이라는 생각이 든다. 그래, 큰 삶을 살아라. 어떤 색깔일지, 어떤 향기가 날지, 한 걸음씩 나아가며 세상을 환하게 꽃피울 청춘을 응원할 것이다.

이제 한 공간에서 나와 함께 사는 일은 더는 없을 테다. 대문

밖이 천 리라는 말이 옛말만은 아닌 듯하다. 멀찌감치 떨어진 상수리나무에서 까치 소리가 들려오기만 해도 괜스레 노인처럼 들떠서 혼잣말을 내뱉는다. 덩달아 몸도 분주해진다. 아파트 주차장으로 들어오는 까만 자동차만 봐도 화색이 돈다. 훔훔한 눈부처로 앉고 싶어서 그럴지도 모르겠다. 언젠가 너식도 부모라는 이름을 가슴에 달게 될 것이다. 자식 일이라면 아주 사소한 것에도 즐거움을 느끼며 밍근해지는 어미의 마음을 그때는 조금이라도 알게 되려나.

바람이 분다. 풍경 밖에서 들려오는 발걸음 소리가 경쾌하다.

*눈부처: 눈동자에 비쳐 나타난 사람의 형상

이별 연습

푹, 찢어졌다. 있는 힘을 다해 잡아당겼으니 아무리 질긴 비닐이라도 버틸 재간이 없었나 보다. 그가 눈대중으로도 작아 보이는 종량제봉투에 이불을 억지로 쑤셔 넣더니 기어코 일을 치고 말았다. 서랍에서 테이프를 꺼내어 칭칭 동여매어 보지만 볼품만 더 사나워졌다. 어차피 버릴 건데 뭘 그리 신경 쓰느냐는 그의 말에 참았던 심사가 폭발하고 말았다. 그만하라고 소리 지르는 날 선 내 목소리에 이불을 밀쳐두고 그는 방으로 들어가 버렸다. 저렇게 비참한 모습으로 보내긴 싫다. 수십 년을 함께 살았는데, 그건 예의가 아니다. 마음도 편하지 않다.

세상 물정도 모르면서 스물여섯에 좋아하는 사람이 생겼다며 생떼를 썼다. 자식 이기는 부모 없다더니 저 좋다고 한 남자를 따라나서는 딸을 위해 엄마는 혼수를 마련해주셨다. 그중에 하나였던 황금이불이다. 이불장을 열 때마다 모나게 개어둔 이부자리에서 금빛이 새어 나와 기분을 밝게 해주었다. 눈이 마주치면 하늘나라로 떠나신 엄마를 보는 듯 반가운 마음도 생겼다. 기분이 바닥을 치는 날에는 눈물을 찔끔거리는 실없는 짓도 시켰다.

침대 생활을 하다 보니 두툼하고 무거워 덮지 않게 되었다. 이불장도 비좁고 자리만 차지하는 것 같아 벼름벼름하던 참이었다. 처분해야겠다는 혼잣말을 귀 밝은 그가 어느새 주워듣고선 기다렸다는 듯이 달려들어 팔을 걷어붙이고 나섰다. 차마 버릴 수 없어서 한동안 안방 한쪽에 세워둔 게 눈에 거슬렸던 모양이다. 차일피일 미루던 내 마음을 그가 알 턱이 없다. 그저 게으름피우며 방치한다는 생각에 못마땅한 마음이 가득 차올랐을 테다. 엄마를 기억할 수 있는 유일한 물건이 나에겐 그것밖에 남아있지 않다. 왠지 이불을 버리고 나면 엄마도 영영 잊힐 것 같아 미적거렸다. 강물은 흐르고 엄마의 얼굴도 아득해지고 있다.

단독주택 이층에 세 들어 살던 신혼 시절에는 날마다 몸을 따뜻하게 품어주던 이불이다. 무명 솜의 무게로 하루의 고단함을 녹여주며 편안한 잠으로 이끌어 주었다. 이불 홑청을 빨아서 옥상에 널어놓으면 햇볕과 바람이 수시로 드나들며 종일 해찰하다 돌아갔다. 안방 가득 펼쳐두고 실을 길게 바늘에 꿰었다. 성곽 둘레를 완성하듯 한 땀 한 땀 박음질하고 나면 뿌듯한 마음이 일었다. 뽀송뽀송한 이부자리에 누우면 햇살이 슬어놓은 알이 톡톡 터지면서 온몸으로 새물내가 스며들었다. 세상은 온통 꽃밭이었다. 바람이 밤새도록 꽃밭을 지나갔다.

조상들은 음양오행설에 따라 인생의 길흉을 점쳤다. 엄마도 예외는 아니었다. 혹여 신혼생활에 티라고 생길까 봐 길한 기운이 깃든 주홍색 요와 세상 중심에서 만물이 움직이는 에너지를 느끼게 해준다는 황금색으로 이불을 만들어 주셨다. 막내딸이 대접받으며 살기 바라는 마음으로 무명 솜을 넣어 온 정성을 들였음이 틀림없다. 그 덕분인지 이불을 보기만 해도 저절로 힘이 솟았다.

가족이라는 나라를 세우고 왕비가 되어 세상을 다스려 온 지 어느덧 서른 해가 넘었다. 왕비의 자리가 기품 있기는 해도 책임감과 의무감, 무게감이 주는 부담은 만만치 않았다. 왕관의 무게를 견뎌야 했기에 혜안을 키우며 세상을 익혀나갔다. 볕 좋은 날만 있으면 비 온 후의 단단함을 어찌 알겠는가. 가끔은 바람도 불어야 살아가는 재미도 있지 않을까.

이불을 끄집어내어 거실에 펼쳤다. 다시는 느껴 보지 못할 엄마의 품이라도 되는 양 가만히 엎드려 보았다. 눈을 감으니 잊힌 지 오래된 낯익은 냄새가 나는 것 같다. 큼큼하고 비릿하면서도 딱히 꼬집어 말할 수 없는 어떤 것이 후각을 자극하며 가슴으로 스며든다. 그만하면 잘 살았다며 머리를 쓰다듬고 등을 두드리는 듯하다. 형체 없는 손길에 감정이 일렁거린다. 눈가가 젖어 든다.

다시 이별을 준비한다. 품이 넉넉한 백 리터 종량제봉투를 장만하여 이불을 개어 넣었더니 마침맞게 들어간다. 미안함이 덜어졌다고 아쉬움마저 사라지는 것은 아니다. 쓸모가 없어서 버려진다는 건 슬픈 일이다. 생물이든 무생물이든 수명이 다하는 날을 맞이하게 된다. 같이 살다가 먼저 가고 뒤따르는 시간 차이일 뿐이다. 따뜻하게 품어준 날들이 고마웠다. 황금이불을 가슴에 안고 현관문을 나선다. 오늘만은 층층이 섰다가 천천히 내려오기를 바라며 엘리베이터를 기다리고 있다.

환하면 끝이라더니

적막한 빈집에 석류꽃이 피었다. 주인이 없으니, 햇볕을 받아안을 힘조차 없어졌는지 지붕 한 귀퉁이가 내려앉았다. 도시로 떠나버린 자식들을 기다리며 혼자 살던 할머니를 기억이나 하듯 마루에 방치된 자그마한 냉장고를 본다. 잡초만 무성한 마당을 지나 한 열댓 걸음 걸어가면 별채에 딸린 작은 방이 나온다. 그 방 안에는 주인이 보다만 책들이 널브러졌다. 돌아오지 않을 것을 알면서도 언젠가 한 번은 꼭 온다던 노모의 마음이 담긴 방이다. 낮게 쌓아놓은 담장 곁에 오래된 석류나무가 유난히 붉은 꽃등을 내걸었다.

고요하던 몸이 들끓는다. 아무리 뜨거운 음식을 먹어도 땀을 흘리지 않던 몸이다. 갑자기 더워지면서 목덜미가 홍건해진다. 남들은 추운데 나는 덥고, 남들이 더울 땐 또 춥다. 아주 사소한 것에도 예민해져서 살짝만 건드려도 미모사가 되고 만다. 나는 몸과 마음이 아프다는 병을 앓고 있다. 이 병의 증세는 구름 한 점 없는 상태가 계속되다가도 금세 기단과 기단이 부딪치면서 장맛비가 오기도 하는 특징이 있다. 감기나 몸살처럼 약 한 봉지에 주사 한 대로도 낫지도 않고 뚜렷한 처방도 없다.

누구를 만나든 혼자 있든 불쑥불쑥 진땀이 난다. 무시하고 관심을 두지 않으니 보란 듯이 마음을 휘저어 충동질시키고 몸을 후벼 팠다. 덕분에 이상한 사람으로 오인당하고 분별없다는 말까지 들었다. 눈에 보이지 않으니 매몰차게 떼어낼 수도 없다. 누군가는 때가 되면 저절로 없어진다고 했지만, 사람마다 때가 다르니 언제가 될지도 모르겠다. 살살 달래가면서 살자고 다짐해 보지만 어떤 자신을 만날지 두렵다.

이런 현상이 나타나는 데는 단골손님의 영향도 없지는 않다. 나의 특별한 손님은 어느 날 예고도 없이 붉은 꽃 한 송이를 들고 찾아왔다. 그 꽃은 비릿하면서도 우아했다. 달마다 한 번씩 찾아와 꽃을 주겠다고 손가락까지 걸었다. 덜컥 겁이 났다. 하지만 누구도 흉내 낼 수 없는 특별한 집에서 그를 만나는 것은 설레는 일이었다. 더군다나 그곳은 금전으로는 환산할 수 없는 세상에서 가장 신비스러운 집이다.

그는 달마다 꽃을 들고 만나러 왔다. 막 잠에서 깨어나 부스스한 얼굴로 앉아 있는데 불쑥 들어왔다. 여행 떠나기 전날 한껏 멋을 내며 거울 앞에 섰을 때도 나타났다. 귀찮고 번거로워 대놓고

싫은 내색을 해도 아랑곳하지 않았다. 덕분에 나는 소녀에서 여인으로 거듭났기에 홀대하지 않고 특별한 대우로 반겼다. 그는 예의도 발라서 방문하기 전에 미리 신호를 보냈다. 넌지시 몸 주위를 에워싸고 동심원을 그리면 촉수가 예민해졌다. 손님이 온 날은 가능한 집에 머물렀다. 함께 책을 읽거나 음악을 들으며 둘만의 오붓한 시간을 보냈다. 바깥 볼일이 있을 때는 집에 혼자 두고 나갈 수 없어서 무슨 비밀연애라도 하는 듯 그의 존재가 드러나지 않도록 신경 썼다.

어떤 날은 과감하게 이부자리에 그림을 그린 적도 있다. 어릴 때 덮고 자던 모란꽃 이불보다 더 붉은 꽃이었다. 하루는 언니의 손님도 꽃 그림을 좋아했는지 둘이 합세하여 밤새 이부자리를 꽃밭으로 만들어 놓았다. 커다란 함지박에 꽃 그림이 그려진 이불을 담가놓으면 한 잎 두 잎 꽃은 금세 지고 말았다.

내 몸의 일부 같은 존재가 되었다지만 손님은 손님이었다. 며칠을 머물다가 돌아가고 나면 홀가분하고 시원했다. 그가 머물던 방을 청소하고 덮었던 이부자리도 빨아서 햇볕에 널어 말렸다. 개운해진 몸은 자유를 얻은 듯 접었던 날개를 펼치고선 가볍게 날아올랐다.

예부터 손님이 드나들어야 그 집안이 융성해진다는 말이 있다. 나의 특별한 손님도 생이 다하면 걸음을 하지 못할 것이다. 그의 부재를 생각하니, 쓸쓸해진다. 그 쓸쓸함은 그가 오지 않아서이기도 하겠지만 그동안 쌓아둔 커다란 공력 덕분에 아름다운 날들을 보낼 수 있었다는 말이기도 하다. 그를 떠나보내야 할 시간이 점점 다가오고 있는 것일까. 기쁨과 슬픔을 지닌 몸체의 긴장이 풀렸는지 여기저기 쑤시고 아프다. 누구든 왔으면 돌아가는 것이 순리인 줄 안다. 막상 그 순간이 찾아온다면 선뜻 받아들이지 못하고 당황할지도 모른다. 예행연습은 완벽한 공연을 하기 위해 무대에 오르기 전에 꼭 필요한 작업이다. 어쩌면 그 마지막 만남을 위한 이별연습은 아닐까.

몸속에서 불기둥이 솟아오르거나 시도 때도 없이 감정이 변하는 자신을 보고 이러다가 쓸모없는 몸이 되면 어쩌나 걱정스러웠다. 돌아보면 고마운 날들이 참으로 많았다. 붉은 꽃이 피었기에 푸른 가지에 잘 여문 열매를 맺고 뜨거운 노래도 부를 수 있었다. 몸의 농도가 옅어지면 어떠랴. 진하면 진한 대로 연하면 연한 대로 살아가면 그만이다. 몸과 마음에 에너지를 주며 주어진 삶에 최선을 다해서 사는 게 정답이 아닐까.

오종종히 달아놓은 저 꽃등이 온 집 안을 환하게 밝히고 있다. 시골집 환하면 끝이라던, 마지막이라던 어느 시인의 말이 불현듯 떠오른다. 아무도 들지 않는 쓸쓸한 집을 꿋꿋하게 지키고 있는 석류나무는 내년에도 꽃을 피울 수 있을지 자못 궁금하다.

빗자루

‘동화책에 나오는 마귀할멈들아 / 우리 집에 빗자루 많다 / 엄마 몰래 와서 / 다 타고 가 버려라’

웃음이 쿡, 새어 나온다. 내게도 저렇게 간절함이 배어나던 시절이 있었다. 손바닥만 한 등짝 때릴 데가 어디 있다고 엄마는 독수리 같은 눈으로 나의 그곳을 노렸을까. 그때 그 등짝은 군덕살에 나잇살까지 덧보태져 두툼해졌다. 빗자루를 휘두르던 엄마는 높은 나라로 가시더니 깜깜무소식이다. 별일 없이 잘 살고 계실까.

빗자루가 진공청소기에 밀려난 지는 오래되었다. 이젠 뒤란 한 모퉁이에 쪼그리고 앉아 있는 모습도 보기 드물다. 버튼 하나만 누르면 모든 게 해결되는 세상이다 보니 그의 존재성마저 잊히고 있다. 예전에는 집마다 그의 공으로 삼이웃이 떠들썩하도록 웃고 울었다. 우리 집에서도 단연 일등 공신이었다. 동이 터서 환한 햇살이 비치기 시작하면 대문을 활짝 열어젖히고 나쁜 기운은 쓸어내고 신선한 기운은 집 안으로 들였다. 학교에서 조기청소가 있는 날은 나보다 먼저 대문을 나섰다. 그가 지나가는 거리마다 새마을 노래가 울려 퍼졌다. 너도나도 일어나 마을을 쓸고 가꾸었다.

우리가 말을 듣지 않아 혼내줄 때도 엄마 대신 싸리비가 앞장섰다. 훌쩍한 키에 삐쩍 마르긴 했어도 야무진 강단의 소유자였기에 그가 떴다고 하면 눈 깜짝할 새 어디까지 달아나 버렸다. 운동회 때 달리기로 일등상 한번 타온 적 없으면서 참으로 희한한 일이었다. 언니들은 동생은 나 몰라라 하면서 뒷간에 숨어서 만화책만 본다는 이유로 걸핏하면 등짝에 빗자루 세례를 받았다. 막내였던 나는 보기와는 다르게 좀 유별난 구석이 있었던 것 같다.

흙먼지가 풀풀 날리던 도로에 아스팔트 공사가 한창이었다. 학교를 파하자마자 장날 새로 산 분홍색 뾸 딸딸이와 맞춤한 돌 두 개를 주워 들고 큰길로 나갔다. 포장 공사가 막 끝난 뒤라 도로에는 기름 냄새와 홧홧한 기운이 아직 남아 있었다. 도로 한 모퉁이에 앉아 가장자리로 삐져나온 시커먼 타르를 돌에 묻혀 딸딸이 뒤축에 붙였다. 떨어지지 않도록 갖은 정성으로 보듬었다.

드디어 세상에서 하나밖에 없는 나만의 '딸딸 구두'가 완성되었다. 고작 땅에서 몇 센티 높아졌을 뿐인데 세상이 달라 보인다. 사람들이 기를 쓰고 높은 곳으로 오르려는 마음이 이런 것일까. 한 걸음 풀쩍 뛰어오르면 낮게 드리운 잿빛 구름 덩어리를 터트려 소낙비도 내릴 수 있을 것만 같다.

어깻바람을 일으키며 대문으로 들어섰다. 엄마의 심상찮은 눈빛이 내 발치를 덮쳤다. 대문간에 서 있던 빗자루가 나를 향해 달려온 것은 순식간이었다. 엄마와 나는 서로 쫓고 쫓기며 마당을 뱅뱅 돌았다. 고추잠자리는 바지랑대와 빨랫줄을 오가며 저 혼자 바쁘고 감나무는 누구를 응원하는지 얼굴을 붉혀가며 목청을 드높였다.

엄마의 황소 숨이 내 발목을 관통했다. 숨 탄의 위력에 나는 그만 넘어지고 말았다. 그 바람에 돌 굽은 저만치 내동댕이쳐졌다. 빗자루도 더는 쫓아올 이유가 없어졌는지 마당 한 가운데 서서 숨을 고르고 있었다. 쓸데없는 짓으로 말썽거리나 만든다며 쫓아오는 엄마보다 빗자루가 더 무서웠다. 비질로 흙 마당 속살까지 파내는 모습을 보았기에 다치지 않으려면 멈추라는 신호를 무시하고 걸음아 날 살리라며 냅다 내달렸다. 무엇이든 제자리에 있어야 온전하게 이해될 수 있다는 듯, 딸딸 구두는 헛방치기가 되어버렸다.

스페인의 하란디야 지방에서는 일 년에 한 번씩 빗자루 축제가 열린다. 오래전 양치기들의 전통을 이어받아서 불붙은 빗자루로 사람들의 온몸을 쓸어내리며 나쁜 기운을 털어낸다. 한 해 동안 아프지 않고 건강하기를 기원하며 마음속에 자라나는 헛된 욕심과 게으름도 함께 걷어버린다. 자신을 불사르면서까지 타인을 위해 기꺼이 몸을 바치는 빗자루를 보니 엄마 생각이 난다. 엄마의 빗자루는 내 치맛자락에 든 헛바람을 잠재워 주었다.

너무 쓸고 닦으면 들어오던 복도 나가 버린다는 말이 있다. 빗자루 손을 잡고 몇 번만 거닐면 집 안은 금세 함치르르해진다. 결벽증이라도 있는 듯 바닥에 남은 머리카락 한 올마저 다 쓸어내고 나면 세상이 적요에 든다. 쓸어낸다는 것은 중심에서 바깥으로 내보낸다는 의미다. 소멸 뒤에 찾아오는 생성은 쓸쓸함으로부터 오는 것 같다. 경계를 짓지 않고 북적북적하게 살아보는 것도 괜찮을 듯하다.

요즘 들어 글에 관한 생각이 깊어졌다. 스스로 그 어떤 틀에 갇혀 허우적대고 있는 건 아닌지 자신에게 질문을 던져놓고 답을 기다리는 중이다. 투박한 그릇이어도 나만의 글맛을 담아 흔들리지 않는 세계를 구축하고 싶다. 누구나 몰려가는 줄에 설 필요는 없는 줄 알면서도 그 끄트머리에서 기웃거리게 될까 염려된다. 목이 타면 남다른 노력으로 답을 찾을 수밖에 없다. 남들과 같게 하려고 자신에게 주어진 시간 중 사분의 삼을 포기한다는 쇼펜하우어의 말이 바늘 끝으로 와닿는다.

누구든 좋아하는 일을 재미나게 하는 순간 몸이 가장 빛을 발한다. 내 안에는 쓸데없는 짓으로 말썽거리를 만드는 그 무엇이 잠재되어 있는지 그럴 때면 샛별눈이 된다. 틀에서 벗어난다는 것은 낯섦의 자유를 만나는 일이어서 생각만으로도 가슴이 떨린다. 신명 나게 마음 굴리다가 엄마에게 들켜서 빗자루로 등짝 한번 시원하게 맞아보고 싶다. 어른이 된 지금도 여전히 안 맞으려고 달아나

겠지만 그렇게라도 엄마 얼굴 볼 수 있다면 얼마나 좋을까. 엄마와 빗자루가 한 몸이 되어 빚어낸 잊을 수 없는 기억이 동시 속에서 무르익어 가고 있다.

수레를 위한 처방

벌거벗은 군상들이 수영장 샤워실에 가득하다. 이른 아침 시간을 선택한 것은 사람들이 많지 않을 거라는 생각에서였다. 예상은 빗나갔다. 덜 깬 잠이 확 달아나면서 긴장감과 두려움이 몰려온다. 활기 넘치는 사람들과 다르게 내 몸은 자꾸만 움츠러든다.

긴장한 나머지 수경을 쓰고도 눈을 감았다는 사실조차 몰랐다. 호흡이 되지 않아서 숨을 참고 가다가 해 질 무렵 물고기처럼 수면 위로 뛰어올랐다. 뒤따라오던 사람들마저 줄줄이 일어나는 사태가 벌어졌다. 숨을 들이마실 때 고개를 돌리는 각도가 중요하다는 걸 알았다. 시선의 폭이 좁으면 동작이 빨라져서 숨이 차고, 너무 넓으면 속도가 떨어졌다. 시선을 가까이와 멀리 두기를 반복하면서 어섯눈*을 뜨게 되었다.

문제는 '힘 빼기' 동작이었다. 남들은 가장 쉬운 게 배영이라고 하는데 나는 가장 어렵다. 천장을 바라보고 누워서 발차기만 하면

되는데도 물에 빠지지 않으려고 힘을 잔뜩 주었다. 뜨기는커녕 제 자리에서만 버둥거리다가 물속으로 가라앉고 말았다. 땅 위에서 자의식이 철저해진 몸은 떠오르지 못했다. 번번이 허우적대는 내 귓가로 힘을 빼라는 강사의 목소리만 뱅뱅 맴돌았다.

힘을 뺀다는 게 쉬운 일은 아니다. 뻣뻣한 상태에서 단숨에 뺀다는 것은 가속하여 달리던 자동차에서 갑자기 핸드브레이크를 당기는 것과 다름없다. 악기를 연주할 때도 손목에 힘을 잔뜩 주면 그 압력에 눌려 본연의 음색은 튕겨 나가고 만다. 더하고 빼며 산다는 게 녹록지만은 않다.

여태껏 살아오면서 약간의 긴장은 자신을 위하는 것으로 여겨왔다. 일상에서 한 번도 나를 다 내려놓은 적 없는 것 같다. 바람에 허리를 내어주면서도 구심점을 잃지 않으려는 갈대처럼 말랑한 자신을 지탱하기 위해서였다. 주어진 일에는 끄떡없이 헤쳐 나갈 수 있음에도 무르게 보이지 않으려고 자신을 단속하는 마음이었다.

몸과 마음은 불가분의 관계다. 투명한 물속에 서자 내 안이 거울처럼 훤하게 들여다보였다. 너무 오래도록 품고 있어서 내성이 생겨버린 긴장이 나를 꾹 누르고 있다. 물은 힘을 빼야 힘을 얻을 수 있다는 것을 알고 있으면서도 내가 스스로 터득하기까지 가만히 지켜본다. 유(有)에서 무(無)에 이를 때 다시 유(有)가 행해진다던 노자의 말이 떠오른다. 가득 담긴 그릇은 더 이상 그릇 역할을 못 한다고 했듯이 비워야 다른 것을 담을 수 있다는 말에 고개가 주억거려진다.

해마다 한강 공원에서는 멍때리기 대회가 열린다. 처음에는 무슨 황당한 이야기인가 싶어서 고개를 갸웃거렸다. 더군다나 멍때리고 있을 때 창의력이 생긴다는 말에 의문도 일었다. 곰곰이 생각해 보니 노자의 심오한 생각을 재미있게 풀어놓은 참신한 발상이 아닌가. 온고지신하여 뇌 휴식을 위한 기발한 처방이 무릎을 치게 만든다. 그들이 영혼 없이 그저 멍하니 앉아 있는 것 같아도 그 속에서 새로운 힘을 얻기 위해 무(無)를 작동시키는 중일 것이다.

몸에 활력을 주고 싶었다. 굴풋해진 내면을 위해 이것저것 챙겨가며 시간을 내주면서도 정작 마음을 데리고 다니는 몸은 등한시했다. 무관심으로 주린 배를 움켜쥐고 푸석한 목소리로 말을 걸어와도 건성으로 듣고 흘려버렸다. 우매하게도 몸이 조금씩 닳아간다는 것을 알면서도 어찌 튼튼한 채로 유지된다고 생각했을까. 덜컹거리는 수레 위에서 책을 본다는 것은 가시방석에 앉아 꽃구경하는 것과 매한가지다. 당연하다고 여겼던 마음에 고마움을 담아 수레를 위한 처방으로 물속에 섰다.

해와 달은 일 초의 망설임도 없다. 한 치도 양보하지 않으며 궤도를 돈다. 더 나이가 들어서 노쇠한 관절에 구멍이 숭숭 뚫리기 전에 유연성 하나 튼튼하게 쌓고 싶은 바람이다. 고독한 자가 새소리와 바람 소리를 들으려면 먼저 고독에서 빠져나와야 한다. 편안한 마음으로 자유롭게 유영할 수 있다면 더 바랄 게 없을 것 같다.

오금이 저리도록 앉아 지는 노을을 보다가도 가뿐하게 일어나 하루를 마무리할 수 있다면 참으로 눈물겨울 것이다.

옆 레인에서 상급반 회원들이 줄지어 쏴쏴 지나간다. 저들은 나보다 먼저 유연해진 사람들이다. 수면 위로 오르락내리락하는 인간 지느러미들이 마치 먼 곳으로 나갔다가 알을 낳기 위해 돌아온 연어 떼처럼 푸르다. 싱싱한 움직임이 물결을 일으킨다. 내 안에도 펄떡거리는 지느러미가 들어있는지 가슴이 뛴다.

누군가의 말에 귀를 기울인다는 것은 받아들일 준비가 되었다는 뜻일 게다. 오랜 시간 동안 꽉 묶어두었던 매듭을 풀듯이 마음속에 우뚝 솟아있던 기둥 하나를 뽑아내고 수평으로 누워 본다. 팔을 젓고 발차기하며 물살을 가른다. 연속 동작으로 갈 만큼 제법 거리가 생겼다. 반환점을 돌아오려면 얼마간의 시간이 걸린다. 바닥으로 내려가는 일이 두렵지 않다. 물속으로 가라앉으면서도 웃음집이 벌어진다. 수평선에 머물다 보니 아등바등 오르려 몸을 세우는 일들이 시시하다는 생각마저 든다. 서두르지 않을 테다. 뚜벅뚜벅 걷다 보면 머잖아 물이 다가와 나의 태초 적 이야기를 찰랑찰랑 들려줄지 어찌 알겠는가.

*어섯눈: 사물의 한 부분 정도를 볼 수 있는 눈.

늦은 대답

텅 비었다. 스크린에서 톡톡 튀어나온 광고 문구들만 공중으로 날아오른다. 관객은 나 혼자뿐이다. 어정쩡한 오전 시간이라 그럴까. 복잡한 시간대를 피하거나 혼자 조조 영화를 자주 보는 편인데도 이런 날은 처음이다. 마치 영화의 한 장면으로 들어온 것 같다. 사랑하는 연인을 위한 깜짝 선물이라면 이럴 때 누군가 무대 위로 등장하여 감동을 이끌어야 한다. 그러나 피아노를 치면서 달콤한 노래를 불러주지 않아도 된다. 까만 슈트를 입고 빨간 장미를 한 아름 안고 걸어오지 않아도 그만이다. 지금, 이 순간, 이 공간이 오롯이 내게 주어진 것만으로도 행운이다 싶다.

영화「보헤미안 랩소디」는 영국의 뮤직 그룹 '퀸'이 소외된 아웃사이더에서 전설의 록 밴드가 되기까지의 실화를 다룬 이야기다. 공항에서 수화물 노동자로 일하며 음악의 꿈을 키우던 프레디 머큐리가 보컬 그룹에 들어가면서 영화는 시작된다. 주인공 머큐리가 부모로부터 외면당하다가 그토록 하고 싶어 하던 가수로 인정받는 장면은 남다른 감동으로 와닿았다. 누군가에게 인정받는다는 것, 더군다나 나를 낳아준 부모로부터 인정받는다는 것은 세상 무엇과도 비교할 수 없는 격려이자 찬사임을 몸소 겪어봤기 때문이다.

어디서 찾았을까. 기억 창고에서 먼지를 뽀얗게 뒤집어쓴 채로 처박혀 있을 성싶던 그 사진이 시댁에 걸려있는 것을 보았다. 묵은 벽지를 걷어내고 새 벽지로 도배한 거실 벽 한가운데서 환하게 빛났다. 신혼 시절 당당하게 벽 한쪽을 차지했던 내 결혼사진이다. 풋풋한 신랑 신부의 모습에 만감이 교차한다. 남들이 보아선 그저 평범한 결혼사진에 지나지 않을 법한데도 시어른들은 현관문을 열면 바로 한눈에 보이는 곳에 두고 자랑스럽게 여겼다. 나는 사진 속 이름을 들여다볼 때마다 꼭 남의 것을 빌려 쓴 것 같아 마음이 영 편찮았다. 소화하기 힘들었다. 어느 사람에게든 보여주고 싶지 않아서 몰래 깊숙한 곳에 감춰버렸다.

결혼식 날 신랑 신부 양옆으로 이름표를 세워두고 사진 촬영에 들어갔다. 하객들 앞에서 행복하게 잘 살겠다며 다짐하던 그 시간에도 낯선 이름이 눈에 어른거렸다. 부모님은 체면과 이목을 한꺼번에 다 내려놓을 수 없었던 것일까. 딸이 세상으로부터 비난받을까 두려워서였을까. 그와 결혼을 허락해 주면서 그날만은 엄마의 성씨를 따르자는 조건을 내걸었다. 우여곡절 끝에 인정받은 내 사랑이었기에 선택의 여지가 없었다. 그와 함께할 수 있는 길인데 아무려면 어떠냐고 안도의 숨을 내쉬며 가슴을 쓸어내렸다. 그런데도 마음 한구석에는 시원하게 빠져나가지 않는 썰물이 야속했다. 고개를 돌리고 앉은 풀죽은 모습이 안쓰러웠는지 부모님은 엄마의 성씨를 따르긴 해도 결국은 내 이름이라며 등을 토닥여 주었다.

누릴 수 없는 자는 왜 부러움도 당당하지 못했을까. 친구 집에 가면 보란 듯이 걸어놓은 결혼사진만 눈에 들어왔다. 부러우면 지는 것이라고 자신을 스스로 다독이면서도, 집에 돌아와서는 늘 꽃샘추위를 앓았다. 그게 뭐라고 그리도 부러웠을까. 내게도 한쪽 벽면을 떡하니 차지할 수 있는 그 사진이 없는 것도 아니었다. 사진관에 들고 가서 그 부분만 수정할까, 고민도 했다. 단지 내 이름이 아니라는 이유로 한 번도 걸어보지 않았을 뿐이다. '김' 씨가 붙은 이름을 작은 바라지 하나 없는 어둠 속으로 밀어 넣고 문을 닫아버렸다.

씁쓸함이 박제된 채로 남아있는 그 이름을 까마득히 잊고 살았다. '동성동본 혼인 금지법'이 폐지되기 이전이라 비난하던 친지들과 하객들을 눈가림한 것은 어쩔 수 없는 절박함이었다. 살다보면 의지대로 되지 않을 때가 있듯이 눈 가리고 아웅 하는 짓이라는 걸 뻔히 알면서도 길이 없었다. 법이 바뀐다는 것은 사람들의 생활과 관습이 변하고 있다는 뜻이다. 요즘은 양성평등의 사회로 나아가는 시대여서 엄마의 성씨를 따르기도 하고 부모의 성씨를 둘 다 동시에 쓰기도 한다. 그에 비추어 보면 공교롭지만, 고개가 끄덕여진다.

언젠가 엄마가 무슨 이야기 도중에 “내가 우겨서라도 그때 그랬더라면 좋았을 텐데…….”라며 말끝을 흐렸다. 살아계실 때 나를 위해 최선을 다해 주었다고 말하지 못했다. 엄마 성씨를 붙일 수 있어서 행복했었다며, 하얀 거짓말이라도 해드릴 걸 그랬다. 아직도 그 기억들이 앙금으로 남아있어서인지 결혼식장에만 가면 나도 모르게 눈시울이 붉어진다.

영화 속 콘서트는 막을 내렸다. 관중을 휘어잡던 그룹 퀸은 무대 뒤로 사라졌다. 자신이 꿈꾸던 일을 하고 있으며 관객들이 쳐다보고 있기에, 틀리고 싶은데도 틀리지 않는다던 프레디의 한마디가 가슴을 울렸다. 스스로 선택한 사랑 앞에서 나도 그랬던 것 같아 목젖이 뜨거워졌다. 천부적인 기질을 격정적으로 쏟아내며 당당하고 치열하게 살다 간 프레디에게 진심 어린 박수를 보낸다. 관중들의 우레와 같은 함성을 들으며 오래전 그들의 음악을 다시 들추어 본다.

내가 누군지는 내가 결정한다던 프레디의 삶과 만난 오늘은 나의 결혼기념일이다. 백삼십사 분의 시간은 아주 특별한 선물이었다. 수십 년 전 그날, 명쾌하게 받아들이지 못하고 밀어냈던 이름에 대하여 오늘에서야 나는 늦은 대답을 한다, 그것도 내 이름이었다고.

품어주는 시간

몸을 낮춘다. 겸손한 무릎으로 앉아 꽃 무더기 속으로 얼굴을 묻어 본다. 누군가의 발걸음에 짓밟혔을까. 초록 진물이 흘러내리는 뭉개진 꽃대에서 꽃 한 송이가 울고 있다.

걷다가 발을 접질렸다. 순간 찍 소리를 내면서 뭔가 문제가 생겼다는 것을 암시했다. 발등이 땅에 닿도록 무슨 생각을 하고 걸었을까. 결국 깁스로 발을 묶었다. 당분간 발을 딛지 말고 외출도 자제하라는 다짐도 받았다. 깁스한 왼발과 멀쩡한 오른발의 높이 차이는 고작 몇 센티도 안 되는데 걸을 때마다 몸은 엄청나게 기울어진다. 절룩거릴 때마다 흔들리는 몸 안에서는 스멀스멀 불안 꽃이 피어난다. 이유 없이 아파서 수개월 동안 애먹었던 발이다. 겨우 디딜 만했는데 또 이런 일이 생기고 보니 담담하게 걸을 수 없을까 봐 두려움이 밀려왔다.

나와 비슷한 일을 겪은 지인이 떠올랐다. 몇 년이 지났는데도 아직 완전하지 못하며 한꺼번에 많이 걸을 수도 없다. 처음에는 집 안에서 칩거하다시피 하다가 발을 많이 디디면 걸을 수 없을 것 같아 기어다녔다. 무릎이 다 까질 정도였다. 그 모습이 머릿속을 떠나지 않았다. 혹여 내게 온 당분간도 잠시가 될지, 오래될지 몰라 무서웠다. 난데없이 수십 마리의 매미 울음소리가 한꺼번에 쏟아지면서 뇌를 파고들었다. 잠재울 수 없는 불안과 여러 감정이 소용돌이쳤다.

일상의 균형이 깨져버렸다. 자유롭게 드나들던 문에는 보이지 않는 그 어떤 것들이 수런거렸다. 작약이 함박웃음으로 현관문을 두드려도 불편한 현실이 몸을 굼뜨게 만든다. 저녁마다 들성지에서 만나던 바람과 수초 위로 내려와 놀다 가던 달빛도 볼 수 없게 되었다. 도서관을 오가며 걷던 천변의 물소리도 들을 수 없다. 넓지 않은 행동반경이 더 좁아지고 말았다.

밖은 꽃 천지다. 괜히 눈물이 난다. 쓰나미처럼 밀려온 우울함이 몸에 있는 단단함을 모두 쓸어가 버렸다. 기운을 차려 보려고 해도 몸이 바닥에서 일어나지를 않는다. 기분 전환을 위해 휴대전화에 내려받아 놓은 노래를 틀었다. 테오도라키스의 '기차는 여덟시에 떠나네.'가 흘러나왔다. 하필이면 이 시점에 그 노래가 나오다니, 음악마저 눈물이 되어 점입가경이다. 넓은 사막에 점점이 박혀 있는 모래처럼 적막하고 외롭다. 뜨거운 모래사막을 묵묵히 걸어가는 낙타도 이런 기분일까. 입안이 피투성이가 되도록 가시풀을 씹어 삼키며 외로움을 이기는 걸까.

내가 없어도 바깥세상은 시간의 흐름에 맞춰 둥글게 잘 돌아간다. 자신의 부재가 느껴진다는 것은 혼자만의 생각일지도 모른다. 늘 뒷줄 한 모퉁이에 서서 앞사람에게 얼굴이 반쯤 가려진 채 사진을 찍던 것처럼, 앞으로 나아가서 활짝 웃지 못하고 어정쩡하던 자신이었다. 혼자보다 사람들의 틈에 끼어 달콤한 마시멜로를 즐겨 먹었다면 덜 외로웠을까. 종일 문자 한 통 없는 휴대전화를 들여다보면서도 수백 개의 전화번호가 저장된 연락처는 열어보지 않는다. 섬이 되어 자신을 고립시키는 것도, 추스르고 단단해져야 하는 것도 결국 내 몫이기 때문이다.

한꺼번에 밀려온 쓸쓸함을 데리고 절룩거리며 공원으로 나왔다. 금계국이 환상인 꽃밭으로 들어가 우두커니 앉았다. 햇살이 슬어놓은 알들이 꽃 속에서 톡톡 터져 나오며 노란 꽃가루를 뿌려댔다. 꽃가루를 흠뻑 뒤집어쓴 채 꽃인 척하고 있는데, 서너 살은 됨직한 계집아이가 삑삑 소리 나는 신발을 신고 내 앞을 지나갔다. 애호박만 한 머리에서 무슨 생각이 났는지 저만큼 가다가 휙 돌아서서는 나를 보고 생긋이 웃는다. 순간 아이의 눈을 마주 보고 웃으면서 나는 치맛자락으로 슬며시 깁스한 발을 감췄다. 눈언저리가 뜨거워지면서 왠지 부끄러움이 솟아올랐다.

지금 내 안은 무엇으로 가득 차 있을까. 뭉클함도 부끄러움도 담지 못할 정도이고 보면 그 안에 들어있는 것들을 비워야 할 때가

온 것인지도 모른다. 고독을 즐기며 가끔은 고립감을 원하기도 했던 자신이다. 평생 불편한 몸으로, 마음으로 살아가는 사람들에 비하면 그깟 발 좀 다친 것은 대수도 아니다. 하긴 그런 게 삶이 아니겠냐며 마음 한 자락을 펼쳐 위로도 해본다. 필요 이상으로 출렁거리는 감정의 수문을 열자, 그 어떤 소리가 엉엉거리며 시원하게 쏟아져 나온다.

공원 한편 축구장에서는 사람들이 햇볕을 입고 공 몰이에 한창이다. 서로 공을 차지하려는 다리의 근육질에서 푸른 언어가 물위로 뛰어오르는 송어처럼 펄떡거린다. 인조 잔디 위에서 꺾였다가 펴지기를 반복하는 몸의 한 마디 한 마디가 눈이 부신다. 그 기운이 보랏빛 갈퀴덩굴의 넌출을 따라 이만큼 왔을까. 좀처럼 마르지 않던 마음 깊숙한 곳에서 뜨거움이 공기처럼 새어 나와 온몸을 휘감는다. 사람들 속으로 뛰어 들어가고 싶어 깁스한 발이 움찔거린다. 넘어져도 두려움을 모르고, 웃으며 다시 일어서는 저 모습이 가슴을 뛰게 한다. 꽃과 나무와 사람들이 어우러진 풍경 안에는 뜨겁지 않은 것이 없다. 그들은 또 하나의 태양이 되어 이글거리고 있다.

불투명한 시간 앞에서는 희망보다 절망이 더 크게 느껴지기 마련일까. 나는 겁이 많은 원시인의 유전자를 타고났는지 두려웠다. 아무리 유전자 안에는 위험에 쉽게 반응하는 태도가 저장되어 있다고 하지만 겨우 아문 자리에 또다시 상처가 나고 보니 은근히 겁이 났다. 겁이란 밖으로 드러낼 수 없는 나만의 비밀 같은 언어였기에 여러 불안의 요소들을 불러일으켰다. 밉다고 밀어내던 그 감정들은 오히려 나를 돌아보며 품어주는 시간이었다.

두 발로 걸을 수 있다는 것은 참으로 행복한 일이다. 왼발이 균형을 잃자, 마음마저 허뚱거렸다. 발등이 내지른 탄성은 잠시 쉬어가겠다는 몸의 간절한 말이었는지도 모른다. 내 몸에 찾아온 불청객 덕분에 숲속의 화음을 더 다채롭게 해주는 음치 새의 목소리를 들을 수 있었다.

몸과 마음을 앓느라 올봄은 격렬했다. 자리를 털고 일어나 꽃밭 맨 앞줄 중심에 서 본다. 곧 뜨거운 여름이 찾아올 것이다.

사랑의 승리

지인들은 하고많은 사람 중에 하필 동성동본을 만났느냐고 묻는다. 그러고 보면 우리가 부부로 만난 확률은 로또 복권 당첨보다 더 어려운 것인지도 모른다. 동성동본 혼인이 죄악으로 치부되고 혼인신고조차 할 수 없던 시절이 있었다. 그러다 1988년 혼인 특례법 시행으로 면죄부가 주어졌다. 그렇다고 사회적으로 그것이 흔쾌하게 용납되지는 않았다.

그 해였다. 양가의 반대가 극심했다. 각자 가출하겠다고 엄포를 놓아도 상황은 수그러들지 않았다. 오히려 한 발짝도 움직이지 못하도록 집 안에 갇히고 말았다. 그러고도 죽네 사네 하는 자식을 보면서 혹시 몹쓸 생각을 하지는 않을까 싶어 어른들은 못 이기는 척 손을 내밀어 주었다.

우여곡절 끝에 결혼식 날을 잡았다. 친척들의 항의는 날밤을 가리지 않았다. 종친회 회장을 지내신 아버지의 이력을 들어 비난을 쏟아부었다. '절대'를 앞세우며 인연을 끊을 것처럼 얼굴을 붉혔다. 그들 앞에 부모님은 죄인이었다. 화가 끓어오를 듯한데도 그저 면목이 없다고만 하시며 고개를 숙였다.

결혼식 날이었다. 신랑·신부 명패에 쓰인 김가는 엄마 성씨였다. 요즘에야 아버지 어머니 성을 나란히, 혹은 본인 뜻대로 고르기도 한다지만 '김미연'이란 이름이 그렇게 낯설 수가 없었다. 결혼식을 올릴 수 있다는 사실만으로도 세상을 다 가진 기분이었다. 사랑이 얼마나 위대했으면 그러고도 좋아했을까.

신혼부부 방에 증명사진처럼 걸어놓는 결혼사진을 한 번도 걸어보지 못했다. 그것은 아직도 풀지 못한 응어리다. 족보가 나오던 날, 다른 며느리들은 성씨가 올라가 있는데 나는 이름이 적혀 있었다. 이유를 여쭈었더니 시부모님께서는 종친회에서 하는 일이라 당신 뜻대로 할 수가 없다고 하시며 그깟 종이쪽이 무슨 대수냐고 달래셨다. 남편은 우리만 사랑하고 잘 살면 된다며 보듬어 안았다.

아이를 가졌다. 동성동본 사이에서는 기형아를 낳을 확률이 높다던 말이 떠올랐다. 산달이 가까워져 올수록 불러가는 배보다 불안이 더 커졌다. 남편에겐 차마 그 불안을 말할 수 없었다. 분만대 위에서 하늘이 노래지는 통증 가운데서도 입이 바짝바짝 타들어 갔다. 죽을힘을 다한 어느 시점, 아이의 첫 울음소리가 들렸다. 겨우 정신을 차리고 아기가 어디 이상한 곳은 없는지 물었다. 산전 검사는 했으나 초조해서 견딜 수 없었다. 건강하니 걱정 안 해도 된다는 의사 말에 그간의 시름이 풀리면서 안심의 눈물이 쏟아졌다. 그 위로 남편의 눈물도 녹아들었다. 우리는 같은 불안, 아니 공포를 앓았던 것 같다. 기존에 알고 있던 우생학설이 아무 문제가 되지 않는다는 것을 증명이라도 하듯 아이는 아주 건강했다.

딸아이가 학교에 들어갔다. 어릴 땐 모르더니 엄마와 아빠는 성이 달라야 하는데 우리 집은 왜 같으냐고 물었다. 친구들이 같은 성씨는 결혼할 수 없다고 했다며 딸아이는 심각해 보였다. 숨겨온 이야기를 들키기라도 한 듯 가슴이 덜컥 내려앉았다. 사랑하면 누구든 결혼할 수 있다고 말해주었다. 내 말을 이해하기엔 딸아이는 아직 너무 어렸다. 나중에 사랑을 아는 나이가 되면 자세히 설명해 주겠다고 덧붙이면서도 죄인처럼 고개가 숙어졌다.

딸아이 말이 머릿속을 맴돌았다. 사랑에 눈이 멀어서 집안이 무슨 소용이며 남의 이목이 뭐 그리 중요하냐고 부모에게 대들던 내 모습이 떠올랐다. 아무것도 보이지 않고 들리지 않을 때였다. 선택을 받아들여달라고 생떼 쓰는 딸을 바라보던 친정 부모님의 심정이 어땠는지 이제야 헤아려졌다. 이런 날도 올 거라는 말을 그 묵언 속에 담고 있었을 게 분명하다.

아파트 관리소에서 가족 상황 기록이 잘못되었다며 내 이름을 확인해 달라는 전화가 왔다. 엄연히 배우자로 되어 있는데도 혹시 동거인이냐고 물었다. 이웃들도 자기들끼리 이죽거리는가 하면 색안경을 끼고 나를 쳐다보는 듯했다. 머릿속으로 파고드는 보이지 않는 그 고통을 이길 수 없어 사람을 멀리하기 시작했다. 사람이 싫고 무서웠다. 내 이름을 벽장에 가두어 버렸다. 사회적 편견과 멸시는 참으로 견디기 힘든 모멸이었다.

언제부턴가 내 이름이 거명되는 곳에는 가지 않았다. 그러면서도 억울하고 서럽고 외로웠다. 남편은 나날이 달팽이가 되어가는 나를 일부러 사람들 많은 곳으로 데리고 갔다.

"상처는 서로 부딪치면서 나기도 하고 낫기도 하지. 그러면서 상처를 통해서 서로를 이해할 수도 있어. 우리도 마찬가지야. 엄연히 법적으로 인정받은 부부인데 무서울 게 뭐가 있어. 우리는 특별한 사람이 아니야. 굳이 부각할 필요도 없고 기죽을 필요도 없어. 어깨 펴고 당당하게 살자."

그의 남다른 배려와 사랑은 가늠할 수 없이 깊고 넓다. 조용하고 따뜻한 햇볕을 늘 비춰준다. 내 가슴에 행복이 흐르고 있다. 결국 우리 사랑은 승리했다.

장미

차 안은 뜨거운 열기로 가득하다. 문을 여는 순간 그 안에 갇혀 있던 열기가 나를 확 밀치고 밖으로 달아난다. 숨을 몰아쉬며 차 안으로 몸을 구겨 넣었다. 엉덩이가 델 듯 뜨겁다. 얼굴이 화끈거린다. 시동을 걸고 창문을 내렸다. 담장 너머에서 불어온 바람 한 줄기가 달아오른 내 얼굴을 시원하게 스쳐 간다.

아파트 담장 위에 빨간 덩굴장미가 무더기로 피었다. 바람이 새침한 얼굴로 장미를 마구 흔들어대자 휘청거리면서도 꺾이지 않으려 입을 앙다문다. 쉴 새 없는 바람의 거친 손길에 더는 견딜 수가 없었는지 꽃잎이 떨어져 흩어진다. 그 모습은 마치 애벌레에서 막 깨어난 붉은 나비가 세상이 신기해서 빙글빙글 춤을 추는 것 같다. 허공으로 가볍게 날아오르다가 열어 놓은 차창으로 살포시 날아와 내 무릎에 앉는다. 또 한 잎이 따라오더니 핸들을 잡은 내 손등 위로 사뿐히 내려온다. 숨이 멎는다. 마치 누군가에게 입맞춤이라도 당한 듯 꼼짝할 수가 없다.

장미는 뭇사람들이 가까이하는 꽃이다. 장미꽃 그림에 평생을 바친 화가도 있다. 화가 송백주가 장미를 고집한 이유는 색깔과 형태가 자유롭고 화면에 그리기에 더없이 아름답기 때문이라고 말했다. 인상주의의 대표적인 화가 반 고흐도 장미 그림을 좋아했다. 고흐는 마음을 치유하고 긍정 에너지를 얻으려 활짝 핀 꽃을 즐겨 그렸다. 화려한 꽃과 지는 꽃잎을 그리면서 희망을 품으며 두려움과 불안을 견뎌냈을 것이다.

그가 출장에서 돌아오던 날 집 안으로 먼저 들어온 것은 장미꽃 한 아름이었다. 일주일 만에 집에 온 그는 뒷전이고 장미를 품에 안고 꽃향기를 맡으며 거실을 빙글빙글 돌아다녔다. 결혼식 날 피로연에서 가수 사월과 오월의 〈장미〉를 불러 주며 당신에게서 꽃내음이 난다던 말이 불현듯 떠올랐다.

애 둘 키우느라 자신을 돌볼 겨를이 없었다. 앞치마에 묻은 김치 냄새며 육아에 지쳐서 향기 같은 건 사라진 지 오래고 꽃 같은 마음은 애초부터 없었던 사람처럼 점점 삭막해졌다. 가끔 꽃이 내게로 오는 날만 잠시 머물다가 어디론가 홀연 떠나버렸다. 그윽한 향기가 바깥으로 새어 나가지 못하도록 창문을 닫았다. 그런다고 내게 향기가 스며들 것은 아닌 줄 알면서도 오롯이 혼자만의 시간을 누리며 음악을 듣고 싶었다.

놀이터에서 놀던 다섯 살 아들 녀석이 숨이 턱까지 차오른 모습으로 현관문으로 들어섰다. 허리춤에 무얼 감추었는지 앞 옷자락이 끄떡 들려 배꼽이 다 나온 채로 서서 "엄마, 눈 감고 손 내밀어 봐. 얼른" 하며 재촉한다. 무슨 꿍꿍이가 있는 것이 틀림없는 것 같아서 녀석에게 다가가 눈을 감았다. 이제 막 피어나려는 빨간 장미꽃 봉우리였다. "엄마 주려고 따왔어."라는 말에 울컥 감동이 밀려왔다.

다행히 가시에 찔리지는 않았지만 그걸 따려고 얼마나 힘을 주었으면 손바닥이 빨갛다. 계단을 오르는 마음도 급했는지 콧등에는 땀방울이 송골송골 맺혔다. 볼록한 배가 들어갔다가 나왔다가 하면서 내 모습을 바라보는 녀석의 눈에는 기쁨이 가득 찼다. 말없이 한참 바라보다가 꼭 안아주었다. 엄마를 생각하는 마음이 예뻐서 꽃은 따는 거 아니라고 말하지 못했다. 내 가슴을 울린 기억 속의 감동은 한 번씩 되살아나서 에너지를 주고 간다.

꽃집에서 장미 세 송이를 얻어서 집으로 가는 길이다. 단골 미용실에 들러서 하루 종일 서서 일하느라 얼마나 힘드냐며 한 송이를 쥐여주었다. 요즘은 남편도 선물로 주지 않는 꽃이라고 반색하며 호들갑을 떤다. 파마 손님과 염색 손님의 부러운 시선도 꽃으로 모여든다. 미용실 바닥에는 잘려 나간 머리카락이 수북하다. 여기저기 흩어져 있는 어제의 시간에도 장밋빛이 들어있음을 알았다.

엘리베이터 앞에서 동현이 할머니를 만났다. 얼른 한 송이를 드렸다. 손주 뒷바라지하느라 고생하신다며 식탁 위에 꽂아두면 저절로 기분이 좋아질 거라고 했더니 웃음이 얼굴에 만면해졌다. 유모차에 태우고 다니던 손주가 어느새 고등학생이 되었다. 동현이 할머니 마음은 끝없이 충전되고 있지만 몸은 점점 방전되는 세월 속에 서 있다. 괜찮다고 거절하시더니 이 늙은 게 어디 가서 꽃 선물을 받겠냐며 고맙다는 말씀을 몇 번이나 하셨다.

꽃 한 송이가 침묵에 든 세상을 환하게 만들었다. 장미 세 송이가 불러온 기쁨의 물결로 우리 동네는 웃음바다가 되었다.

2부 ㅇ

마음 바깥을 서성거리며

무늬

꽃 보러 오라는 문자가 왔다. 반가운 소식을 받았으나 한걸음에 달려가지 못하고 마음만 들썽거린다. 딴 때 같으면 벌써 꽃집에 도착하고도 남았을 시간이다. 상황이 조심스러워 망설여진다.

지금 세상은 코로나바이러스로 들끓고 있다. 푸른 지구가 그 괴질 폭풍에 휩싸여 휘청거린다. 두려움이 뿜어낸 공포 바이러스에 사람들은 몸을 한껏 움츠린다. 거리에는 온통 마스크로 무장한 사람들뿐이다. 봄의 전령사들이 곳곳에 꽃을 피워도 돌아볼 생각하지 않는다. 연일 기하급수적으로 늘어나고 있는 감염 확진자의 수가 눈을 붙든다. 확진자의 이동 경로까지 알려주는 안전 문자가 쉴 새 없이 날아와 조바심을 부추긴다. 보고 듣지 않으면 덜하겠지 싶어서 알림 소리를 꺼 봐도 헛일이다. 무서운 생각이 파도처럼 밀려온다. 답답한 가슴에 불안만 무더기로 안겨준다.

주저주저하다 용기를 내어 꽃집에 도착하니 봄이 여기 다 모여

있는 것 같다. 세상이 어수선하니 저들도 밖으로 나가기가 겁이 난 모양이다. 보랏빛 팬지며 하얀 마거릿이 열을 지어 반긴다. 오월쯤에야 볼 수 있는 양귀비꽃도 벌써 와 있다. 홍자색 데이지가 마스크를 낀 나를 돌레돌레 살핀다. 알고 싶은 게 뭐냐며 그 앞에 쪼그리고 앉아 뚫어지게 쳐다보고 있으려니 도드라진 꽃잎 하나가 눈에 들어온다. 햇볕에 반사되어서 하얗게 보이는 게 아니다. 분명 하얗다. 돌돌 말고 있는 꽃잎들과 다르게 몸체도 펴졌다. 궁금증을 자아내다 보니 튤립 한 송이가 떠오른다.

영화 〈튤립 피버〉에서는 17세기 암스테르담에서 불었던 튤립 열풍이 시대적 배경으로 등장한다. 튤립의 모양과 색깔에 따라 가치가 달라지고 꽃값은 천정부지로 치솟았다. 사람들은 튤립 알뿌리를 사기 위해 전 재산까지 털어 넣을 정도로 혈안이 되었다. 그때 빨간 튤립에 하얀 줄무늬가 들어간 '브레이커'라는 새로운 변종의 꽃이 피어난다. 알뿌리를 키우던 중에 바이러스의 침투로 하얀 줄무늬가 생겨난 것이다. 경매인은 꽃이 바이러스에 감염되어 변이된 사실을 숨긴 채 새로 탄생한 희귀종이라고 높이 치켜들었다. 열광한 사람들을 튤립의 도가니로 몰아넣은 원인 중의 하나가 다름이 아닌 바이러스였다.

데이지도 바이러스를 호되게 앓았을지도 모른다는 어림짐작을 해본다. 사력을 다한 나머지 그만 하얗게 질려버렸을까. 쪼그만 입술을 꽉 깨물었을 것이다. 어떤 사연으로 피어났든 저 하얀 꽃잎은 홍자색 데이지에 있는 당당한 무늬로 여겨진다. 하얀 꽃잎이 섞여 있어서 홍자색 데이지가 더 도담하게 보인다.

식물도 바이러스의 침투를 받으면 면역이 없는 상태에서는 죽거나 변이가 생긴다. 생명을 잃지 않는 경우는 무늬와 공존하게 된다. 꽃이 변종을 만들어 내듯 사람도 마찬가지라는 생각이 든다. 식물처럼 인간에게도 바이러스가 무늬로 남을 수 있지 않을까. 그렇다면 뭔가 변이된다는 것은 좋은 것일까 나쁜 것일까.

작은 도서관에서 만나는 아이들은 내게 좋은 무늬를 변이시켜 주는 데 한몫하고 있다. 저마다의 모습으로 아이들이 나날이 커 가는 것을 보고 있으면 신비롭기 그지없다. 볼 때마다 뭐가 그리 좋은지 내 허리를 끌어안고 빙글빙글 돈다. 열정을 불러내지 못하고 그냥저냥 수업한 날은 아이들에게 미안하다. 고맙다는 인사말이 하루를 돌아보라는 종소리 같다. '괜찮아요, 그럴 수도 있어요'라며 와락 안기는 듯하여 고개를 묻는다. 정신 번쩍 들게 해준 그 말은 내가 지불해야 할 교육비 같다. 혼자 부끄럽다가도 다시 기운을 얻는다. 아이들의 해맑은 웃음소리를 듣고 있으면 잡다한 시름마저 사라진다. 저절로 동화되어 뭘 하든 자꾸 웃음빛을 띠게 한다. 아이들은 그 어떤 마력을 지닌 게 틀림없다.

봄이 오는 길목이 지독한 일로 뒤덮여 어둠에 잠겼다. 아무리 검은색이라고 해도 거기에 빛이 반사되면 다채로운 색으로 빛난다던 인상주의 화가의 말이 스쳐 간다. 저 어둠 속 여기저기서 꽃빛

발이 번져나가고 있다. 히포크라테스의 선서를 받든 의료진과 '간호받는 사람들의 안녕을 위해 헌신하겠다'라는 나이팅게일들의 투혼이 가슴을 뜨겁게 달군다. 극한 속에서도 꽃손이 되어 한 사람이라도 놓치지 않겠다는 사명감이 끝없이 우러러보인다. 책임감은 자신을 세우는 일이기도 하지만 타인에게는 좋은 무늬로 다가오기도 한다. 우리는 누군가의 희생을 당연하다고 여길 때가 많다. 그들 덕분에 그 마음이 새롭게 깨어나서 고마움으로 출렁거린다.

집으로 돌아오는 길에 꽃을 한 아름 얻어왔다. 꽃집 언니가 함께 잘 이겨내자며 움츠린 어깨를 토닥여 주었다. 일시적인 현상일 것이라고 믿으면서도 현실에 적응하려고 집 안에 머무는 동안 꽃나무들은 세상에 크고 작은 꽃등을 내걸었다. 두려울 게 없다는 듯 어깨를 쫙 펴고 있는 꽃들이 참으로 미쁘게 보인다. 내 안이 환해지니 집 안에서 곱송그리고 있을 지인들이 생각난다. 그들의 현관 앞에 노란 프리지어를 몇 송이씩 놓아두고선 잘 지내느냐고, 무탈하게 잘 지내라며 안부를 대신해 본다.

일상 속으로 파고든 불안한 심리가 똬리를 튼 지도 꽤 여러 날이 지났다. 화상통화로 회의하고 드라이브 스루로 물건을 사는 등 세상 풍경이 달라졌다. 사람들이 활동을 멈추니 자연계에서도 역설적인 현상이 나타나고 있다. 코로나바이러스에 감염되든 감염되지 않았든, 우리는 고통과 두려움과 공포를 함께 겪고 있는 피해자들이다. 바이러스로 인해 튤립에 하얀 줄무늬가 생겨났듯이, 지금 우리에게도 저마다 무늬 하나씩 새겨지고 있을지도 모른다. 세기에 깊이 각인되어 인류 역사 속 한 페이지를 차지하게 될 것이다.

시간 죽이기

시장은 무대다. 극본 없는 배우들이 모여서 연극을 펼친다. 주연과 조연 따로 없이 등장하는 모두가 주인공이다. 상인과 손님 사이에 오고 가는 대사는 상황이 주어질 때마다 자연스럽게 흘러나온다. 추임새는 물론이고 너스레까지 더해진다.

오일장이 서는 날이다. 버스 정류장 주위에는 벌써 좌판이 벌어졌다. 분홍색 잠바를 입은 할머니는 푸성귀 네댓 소쿠리를 놓고 지나가는 사람들을 쳐다보며 무언의 말을 보낸다. 남새밭에서 온 싱싱한 푸성귀는 빨간 소쿠리에 앉아서 신기한 듯 세상 구경에 정신이 없다. 찹쌀, 수수, 검은콩, 조 등은 저마다의 이름표를 가슴에 달고 국산이라는 자부심을 어깨에 잔뜩 세우고 앉았다. 국산 콩이라고 큼지막하게 써 붙인 팻말은 아직 오전인데도 벌써 지루하다는 듯 연방 하품을 해댄다.

머리가 희끗희끗한 청실홍실 옷 가게 주인도 막 가게 문을 열었다. 입구 가판대에 냉토시며 인견 손수건 등 잡다한 것들을 진열하느라 손이 분주하다. 손님 한 분이 가게로 들어가니까 마수걸이라도 하는가 싶어 환한 얼굴로 뒤따른다.

태산 같은 콩나물시루를 끌어안고 검은 우산을 받쳐 든 노파도 구부정한 몸을 천천히 일으켜 세운다. 노파는 굼뜬 모습과는 다르게 입은 거칠면서도 빠르다. 값만 물어보고 사지 않으면 불호령이 떨어진다는 것을 주위에 모르는 사람이 없다. 오늘은 손님이 선뜻 물건을 사 가서 보는 이도 안심하는 눈치다. 별 탈 없이 단번에 사들였으니 운수 좋은 날이다. 미덥지 않아 이리저리 뒤적여 보거나 이미 봉투에 담았는데 안 사겠다고 했더라면 노파가 불같이 화를 내며 물건을 내동댕이치고 고함질렀을 게 뻔하다. 채소는 손만 대도 신선도가 떨어지니 그도 그럴만하다. 죄 없는 채소들이 바닥으로 널브러지지 않아서 한시름 놓았다.

어디선가 굵고 노쇠한 목소리로 줄, 줄 하는 소리가 들려왔다. 고희는 족히 넘었을 듯한 키가 큰 할아버지 한 분이 까만 고무줄을 어깨에 메고 나타났다. 나름의 음률에 맞춰 외쳐대는 소리에 시장판이 충전이라도 된 듯 갑자기 술렁거린다. 오가는 사람들의 발걸음도 빨라진 듯하다. 참 오랜만에 보는 장면이다. 고무줄 사 본 지 까마득한데 요즘 누가 쳐다보기나 하는지 모르겠다. 바닥에 질질 끌려다니는 고무줄을 행여 밟기라고 하면 어쩌나 염려스럽다. 세상은 호락호락하지 않다는 듯 고무줄은 아슬하게 잘도 비켜 다닌다.

태양이 자오선을 지나간다. 낮볕에 하늘을 쳐다보지 않아도 눈이 부신다. 집에만 있으면 뭣하냐고, 몸에 밴 부지런함이 저들을 가만히 두지 않았겠지. 소일거리 삼아 용돈이라도 벌어 쓰면 살아가는 일이 재미있고 활력도 생기지. 그래, 스스로 움직일 수 있다는 것은 건강하다는 의미야. 버스 정류장 의자에 앉아 혼자 중얼거리며 좌판이 벌어진 길거리를 훑어본다. 사람들은 정물처럼 앉았거나 그림자를 여기저기로 옮기며 시간 죽이기에 바쁘다.

베케트의 〈고도를 기다리며〉에서 블라디미르와 에스트라공은 언제 올지 모르는 고도를 기다리며 깊은 권태에 빠져 있다. 고도가 누구인지도 모른다. 고도를 만나면 무엇을 해야 하는지도 모르는 채 목 빠지게 기다린다. 권태를 벗어나기 위해 시작했지만, 오늘도 어제 같고 내일도 오늘 같아 결국 시간 죽이기에 실패하고 만다. 지루하고 분명한 목적도 없는 그들의 무의미한 삶이 내게 말을 걸어온다. 자기 자신으로 살 것인가, 다른 사람을 따라 말하고 행동하는 세상 사람으로 살 것인가를 묻는다.

블라디미르와 에스트라공처럼 행복하지 않아도 행복하다고 말하려는 사람은 아닌가. 공허에 놓여 있으면서도 늘 뭔가를 해야 한다는 불안에 붙잡혀 있는 세상 사람은 아닌가. 마냥 고도를 기다리듯 그 자리에서 앞으로 나아가지 못한다며 투덜대던 누군가가 번뜩 정신을 차린다.

인간의 수명이 백 세에 이르렀다. 펼쳐진 광장에서 노년의 시간을 들여다보고 있으니, 인생의 여름도 길어진 게 분명하다. 아니 길어져야 맞다. 청년기 장년기 노년기로 나누자면 그들은 인생 3막 1장에 접어들었다. 노인정에서 앞앞이 동전을 두고 화투를 치든, 문화센터로 나가서 배우고 싶은 것으로 즐거움을 얻든, 시니어 클럽에서 제공하는 일사리로 보람을 채우든 자신의 가치를 곧추세우고 시간 속을 걷고 있는 저마다의 걸음걸이가 뜨겁고도 뜨겁다.

시장은 다양한 삶이 모이는 곳이다. 날마다 같은 듯 다르고, 다른 듯 똑같은 그들만의 대사를 읊으며 인생이란 무대를 가득 채우고 있다. '무대 없는 곳에 내던져진 배우'들의 연극은 뜨겁고도 슬프다. 유쾌하고 적막하다. 가볍고도 무겁다. 오늘도 그들은 노련한 모습으로 무대에 올라 열연 중이다. 관객이 있든 없든 연극은 이른 저녁까지 계속된다. 내일 또 내일도 시끌벅적하게 열릴 것이다.

조선통신사의 길을 걷다

한낮의 고요가 들판을 누비고 있다. 푸른 벼들도 실바람에 남실거린다. 저만치 앞서가는 매미 소리를 따라 매양리* 찰방로를 걷는다.

골목에 접어드니 벽화 속의 '인조 2년 조선통신사 행렬도'가 길손을 반긴다. 일산을 앞세우고 정사의 가마와 자제 군관이 말을 타고 지나간다. 그 꽁무니를 마상재인과 소통사가 뒤따른다. 풍악수의 연주에 맞춰 언월도를 손에 쥔 월도수며 용의 깃발을 든 형명수가 군관들과 함께 늠름한 모습으로 줄을 잇는다. 그들의 끄트머리를, 나도 이 순간 통신사 일행이 되어 가만히 따라가 본다.

한양에서 말을 타고 부산까지 가는 데는 스무날쯤 걸린다. 국내 종착지인 부산에서는 무사 귀환을 빌며 해신제를 올린 후 뱃길에 오른다. 사행단이 탄 범선은 바람과 사람의 힘으로만 갈 수 있어서 순풍이 불지 않는 날은 숙소에 머물렀다. 출항하여 저만치 나가서도 돛이 떨어져 내려 다시 돌아오는 경우도 다반사였다. 대마도에서 에도까지는 바닷길과 뭍길을 넘나들었다. 짧게는 여섯 달, 길게는 일 년이 넘게 소요된다.

어디로 떠난다는 것은 생각만으로도 행복하다. 마음만 먹으면 나라 밖 나들이도 내 집 드나들 듯 편리해진 세상이다. 이런 요즘과는 달리 그 당시는 결코 쉬운 일이 아니었다. 시야를 넓히고 다른 문물을 접할 기회가 주어졌는데도 통신사로 뽑히면 그다지 달가워하지 않았다. 가지 않으려고 병을 핑계 대거나 늙은 부모로 밀막다* 벌을 받는 일도 허다했다. 사행단으로 가던 도중에 배에 불이 나서 화상을 입기도 하고, 배 밑창에 깔려 죽기도 하며, 한밤중 괴한에게 살해되기도 하는 등 불미스러운 일들이 종종 일어나는 것을 보고 두려움이 앞섰는지도 모른다. 바다를 건너 일본으로 가는 까막길이 얼마나 험난했으면 통신사를 보내는 임금도 술잔에 걱정만 가득 담아 내렸을까.

믿음으로 교류한다는 사행길에 오르고도 편하지만 않았다. 쇼군의 회답 국서에 문제가 되는 글자가 없어야 마음을 놓았으며 막중한 임무가 끝이 났다. 임진왜란 때 붙잡혀 간 포로 수천 명을 데리고 돌아올 때까지의 숱한 사연을 어찌 다 헤아릴 수 있으랴. 포로로 잡혀간 도공이 특별한 대우를 받으며 자리를 잡게 되자 고국으로 돌아오지 않겠다며 손을 뿌리쳤을 때 그들을 탓할 수만은 없었다. 돌아와서 천한 대접을 받느니 차라리 기량을 마음껏 발휘하여 조선의 문화를 알려주는 것도 괜찮은 방법이라 여기며 고개를 끄덕여 주었으리라.

일본으로 간 통신사들은 저마다의 분야에서 인기를 한 몸에 받았다. 실력이 뛰어난 제술관이 발탁되어 갔기에 조선의 글과 글씨는 단연 으뜸이었다. 시문집에 발간문을 써주고 한시를 주고받으며 필담을 나누었다. 닭이 울어도 찾아온 이가 돌아갈 줄 모르니 붓을 놓을 수 없었다. 화원 김명국은 지친 나머지 울고 싶은 심정을 토로했다지만, 긴 여정에서 그들만이 맛볼 수 있는 고단한 즐거움은 아니었을까. 그때 그들이 주고받은 서화는 세계기록유산으로 등재되었다.

통신사들이 주로 다녔던 영남대로에는 그들의 발자취가 곳곳에 남아있다. 문경, 안동을 거쳐 영천에 도착하면 한 번 더 결속을 다진다. 영천은 한양에서 출발한 사행단의 두 번째 집결지였기에 장수역에서 말과 인부, 필요한 물품을 조달받아 최종 행장을 꾸린다. 말발굽은 쇠로 만들지 않고 짚신을 신겨 십 리마다 갈아 끼워야 했으니, 말의 고충도 사람 못지않았다는 것을 짐작할 수 있다.

사행단은 하룻밤을 묵으며 풍경 좋은 곳이나 유적지를 돌아보았다. 경상감사가 먼 길을 온 그들을 위해 전별연을 베풀었다. 마상재인은 일본에 가서 공연할 기예를 미리 선보여 환호성과 박수갈채를 불러일으켰다.

해가 이울면 그들은 조양각 서세루에 올라 조용한 시간을 보냈다. 밤이 되어 풀벌레 소리가 들려오면 누군가는 포은 정몽주의 시를 읊고, 누군가는 고향에 있는 가족에게 편지를 쓰면서 그리움을 달랬다. 아침이 오면 또 먼 길을 떠나야 하니 이런저런 생각으로 청청한 달빛 아래를 서성이며 밤잠을 설쳤으리라.

통신사의 길을 따라 고향인 영천에 오니 옛 생각에 젖어 든다. 수십 년 전, 작은아버지가 나를 시댁에 데려다주고 돌아서던 날도 달이 무척이나 밝았다. 조선과 일본의 가교 구실을 통신사가 했듯이, 나의 신행길에는 아버지를 대신하여 작은아버지가 동행했다.

결혼이란 가문과 가문의 교류이며 새로운 문화를 탄생시키기 위해 초석을 놓는 일이기도 하지 않은가. 유림의 종갓집 장손인 아버지가 병석에 눕지 않았더라면 내 결혼은 불가능했을지도 모른다. 다행인지 불행인지 아버지는 아무것도 모르는 채 천진하게 웃으시며 떠나는 딸아이에게 손을 내저었다. 바람도 불지 않는데 병색 짙은 고목 한 그루가 오래도록 흔들렸다.

양가의 극심한 반대를 무릅쓰고 한 결혼이었기에 작은아버지의 어깨는 더 무거웠으리라. 살면서 무슨 일이 있어도 든든한 보루가 되어 달라며 사돈에게 신신당부하고선 작은아버지는 다시 친정으로 발길을 돌려세웠다. 돌아보고 또 돌아보시더니 “너를 믿으마.”라는 짧은 한마디를 남긴 채 소실점 밖으로 사라졌다. ‘흔들리지 않고 피는 꽃이 어디 있으랴.’ 믿음의 뿌리를 내린 그곳에 나무 한 그루 가지를 뻗으며 당당하게 자라고 있다.

에도에서 통신사 행렬단을 보려고 나온 구경꾼 중에 어느 조선 여인이 하염없이 눈물만 흘리더라는 이야기가 기억난다. 고향 생각에 북받쳐 오르는 감정을 어찌 감당할 수 있었으랴. 저마다의 사연은 알 수 없으나 그 여인도 물설고 낯선 그곳에서 뿌리를 내리고 잘 살았으리라 믿고 싶다.

길은 소통의 공간이다. 지금도 두 나라 간의 우호를 다지며 '조선통신사 옛길을 따라 한일 우정 걷기'가 격년제로 시행되고 있다. 국서도 없고 나발 소리 앞세우지 않아도 그들의 정신을 기리며 한 마음으로 걸어가는 사람들이야말로 이 시대의 통신사가 아니겠는가. 그래서인지 조양각 뜰 앞에 사백 년 전 그들이 지나간 것을 기념하여 세워놓은 '조선통신사의 길' 표지석은 흐뭇하게 웃음을 머금고 세월에 풍화되어 간다.

표지석 뒤로 피어있는 능소화가 누구를 기다리는지 담장 위로 기어 올라가 귀를 쫑긋 세우고 있다. 벼랑 아래로 변함없이 흐르는 저 금호강은 그들의 역사를 다 기억하고 있을까. 그 옛날 통신사들이 이곳을 거쳐 미래를 만나러 갔듯, 오늘 나도 다가올 시간을 마주하기 위해 다시 길을 나선다.

*매양리: 경상북도 영천시 신녕면에 소재하고 있는 마을 이름

*밀막다: 핑계하고 거절하다

쓸쓸한 마음이 드는 날

깊은 산중에는 해가 긴 여름에도 밤이 일찍 찾아온다. 모기와 하루살이가 극성을 부리고 풀벌레 소리가 어둑해지기도 전에 마당으로 기어다닌다. 오동나무도 땡볕에 지쳤는지 팔을 축 늘어트린 채 별빛을 바라보고 있다. 육백 년도 넘게 살아온 노거수 회화나무는 연륜만큼이나 품위도 있어서 무덤덤하게 꽃을 피워 낸다. 아까시꽃보다 조금 더 파르스름한 꽃이 달빛과 별빛에 반사되어 멀리서 보면 마치 하얀 눈이 소복하게 쌓여있는 듯하다. 여름과 겨울을 동시에 느껴 보는 신선한 경험으로 호사를 누리는 중이다.

대문 곁에 있는 살구나무 아래에 평상을 놓고 누웠다. 앵앵거리는 모기를 피하려고 이불을 뒤집어쓰고 눈만 빠끔하게 내놓았다. 백조자리의 가장 밝은 별이 눈에 들어온다. 날개를 펼친 백조 한 마리가 내 머리 위를 지나 서쪽으로 천천히 날아가고 있다. 구름 뒤에 숨은 북두칠성은 끝내 온전한 모습을 보여주지 않는다.

가난한 이들을 위하여, 라는 글을 읽으며 '서울역은 서울이 아니라 모든 사람의 고향'이라는 말에 고개를 끄덕였다. 서울역은 만나고 헤어지는 사람들, 꿈을 좇아 올라오고 성공하여 금의환향하는 사람들이 첫발을 내디딘 발판이 되었다. 서로에게 꿈을 이루었냐고 물었다. 아직도 꿈을 꾸는 중이라고, 생이 다하는 날까지 꿈을 놓지 않을 거라는 목소리에 진중함이 배어들었다. 살아보니까 꿈은 그렇게 거창한 것만이 아니더라. 저마다 추구하는 게 다를 뿐이지 누구에게든 꿈은 현재진행형이다. 원대하든 소소하든 하나가 이루어지면 또 다른 꿈을 만들기 때문이다.

꿈을 실현하는 중이라는 당신을 혼자 두고 떠나왔다. 물까치 떼가 달리는 차 앞을 가로막아 섰지만, 멈출 수가 없었다. 내가 빛을 향해 나아갈 때, 당신은 어둠 속으로 깊어졌다. 회화나무 아래에서와는 다르게 나는 커지고 당신은 점점 작아졌다. 뭐가 그리 급했는지 단숨에 내리막길을 지나고 구불구불 산허리를 돌아 마을 초입에 있는 저수지까지 앞만 보고 달렸다. 그제야 생각이 나서 눈밀러를 올려다보았지만, 멀어지는 나를 향해 손을 흔들던 당신은 보이지 않았다.

날마다 자연이 주는 선물을 받는 게 어떤 마음인지 아냐고 묻던 생각이 난다. 어느 날은 뒤꼍에서 마당으로 기어 나오던 뱀을 보고 놀라서 돌을 던졌다고 고백한다. 뱀도 순하게 생긴 당신이 기겁하고 몰아치니까 저도 놀라서 도로 구멍으로 들어가더라며 웃음을 짓는다. 던진 돌을 주워서 그 구멍에 처박아 놓고선 정신없이 밟고 났더니 발에 통증이 물려와 며칠을 앓았다며 볼멘소리로 들려준다. 어디서 그런 말을 찾았는지 다시 한번만 더 나오면 찢어 죽일 거라고 벼르고 있던데, 그 뱀은 어떡하고 있을까.

아직 그 이후의 소식은 듣지 못했다. 그들의 선쟁은 다시 시작되었을까, 휴전 중일까. 뱀이 그런 말에 무서워하지는 않을 것 같아 상황이 재미있어진다. 또다시 슬금슬금 기어 나와서 이번에는 혼비백산한 당신을 방안으로 도망치게 만들지는 않을까 염려스럽다. 직접 눈으로 확인하고 싶은데 도저히 무서워서 가볼 수가 없다. 뱀은 내 최초의 기억 속 동물이라서 말만 들어도 몸이 오그라든다.

초등학교에 입학하기 전이었으니 예닐곱 살쯤 되었을까. 오지 중에서 오지라는 청송 할머니 집에 갔다가 그림책에 있던 뱀의 실물을 난생처음 보았다. 흙 계단을 막 내려가려는데 움푹한 곳에 서리서리 똬리를 틀고 앉아 고개를 바짝 쳐들고 있었다. 식겁해서 뒤로 나자빠지고 말았다. 할머니를 불러야 하는데 말이 나오지 않았다. 모르고 발을 내디뎠더라면 어떻게 되었을지 생각만으로도 소름 돋는다. 어린 발목을 내주고선 어린 왕자가 독사에게 물렸을 때처럼 '쨍' 하고 쓰러졌을까. 어린 왕자가 소행성 612로 돌아갔듯이 나도 아버지 등에 업혀서 소도시에 있는 우리 집으로 보내졌을 테다. 상상만으로도 진저리가 쳐진다. 숨 참으며 털썩 주저앉은 것까지는 기억나는데 그 이후는 생각나지 않는다.

가끔 기억은 왜곡되기도 하고 자라기도 하던데 아직도 그때 그 모습이 지워지지 않아 뱀만 보면 무섬증이 되살아난다. 세월은 흘러도 생생한 기억만 온전하게 남아있어서 뱀에서 벗어나기 어렵다. 당분간 당신도 그 동물에서 빠져나오지 못할 것 같아 신경이 쓰인다.

올해는 너무 무덥고 예년보다 비가 많아서인지 회화나무에 꽃이 피지 않는다고 걱정이 이만저만 아니다. 그 와중에 벌써 가을이 내려왔다고 반색하며, 국화가 피었다고 카톡을 보내왔다. 품안에 들기만 해도 넉넉해지는 가을엔 또 어떤 소식이 날아올지 기대된다.

자연과 더불어 살고 있으니 하루하루가 소풍 같고 길섶 풀 한 포기, 꽃 한 송이, 나무 한 그루, 마당을 기웃대는 날짐승까지 날마다 안겨드는 선물 같다던 당신은 이 가을을 또 어떻게 보내고 있을까. 쓸쓸한 마음이 드는 날 그곳으로 찾아가 인생론 한 자락 펼치며 차 한잔 나누고 싶다. 혹시 모르니까 긴 장화 한 켤레 준비해서 가야겠다.

마음이 몸이 될 때

무작정 비행기 표와 숙소를 예매했다. 벼르기만 하던 혼자 여행을 실행에 옮겼다. 두려움은 용기로 바꾸고 내면에 웅크리고 있는 불안은 설렘으로 떨쳐버렸다. 오롯이 내게 주어질 시간만을 기다린다.

공항에서 버스를 타고 한 시간쯤 달렸다. 한껏 들뜬 마음으로 서귀포에 도착하니 조금은 여유가 생기는 듯 마음이 놓인다. 장 그르니에처럼 '낯선 도시에 도착하는 것을 수없이 꿈꾸어' 보아서인지 며칠을 묵고 간다는 생각에 도시 한복판에 서 있어도 낯설지 않다. 온전히 혼자라는 자유에 고조되어서 그럴까. 한 번쯤 와본 듯한 기시감마저 든다.

숙소로 가기 위해 휴대전화에 있는 지도 앱을 켰다. 눈으로 보면서도 도무지 길이 읽히지 않는다. 길치인 내게 지도 읽기는 수학 문제 풀기보다 더 어렵다. 골이 지끈거리다 못해 머리가 하얘진다.

목적지를 눈앞에 두고도 숙소 주위를 빙빙 돌았다. 동행이 있었더라면 부담스러웠을 텐데, 혼자란 이래서 좋다.

여전히 존재하는 불안 속에서도 같은 곳에만 머물고 있다면 원하는 곳에 도달할 수 없다는 것을 깨닫는다. 인생에 진정으로 충실한 자는 멈추지 않는다고 했듯이, 설렘과 떨림을 안고 앞으로 나아갔다. 자신에게 이방인이 되기로 마음먹으니 내 안에 숨겨진 빛이 길을 밝혀주는 것 같다. 발씨가 익어간다. 올레 시장으로 가는 길은 밤임에도 불구하고 자신감이 생겼다. 걸음이 가벼워졌다.

길을 헤매던 중 가로수로 심겨 있는 먼나무에 눈이 멎었다. 언젠가 꼭 보러 오겠다던 꿈에도 그리던 그 나무였다. 빨간 열매의 강렬함이 가슴을 훅 치고 들어온다. 나를 흔들어 깨우는 알 수 없는 감정에 몰입하기 시작했다. 먼나무 가지가 바람에 흔들리는데도 나를 부르는 손짓 같다. 입을 크게 벌리고 무언의 탄성을 질렀다. 추위를 이겨내느라 더 붉어진 것이냐고 바보 같은 질문을 던져가며 독백 놀이에 푹 빠졌다. 흠뻑 젖은 시간이 얼마나 흘렀을까. 정신을 차리고 지도를 들여다보니 숙소에서 점점 멀어지고 있었다. 노을을 등지고 다시 숙소로 향해 발길을 돌렸다.

예상할 수 없는 생의 변수는 시공간을 막론하고 찾아온다. 클림트의 원작〈키스〉를 볼 수 있을 거라며 벨베데르 궁전을 찾았을 때다. 황금으로 그렸다는 그 그림은 눈이 부실 정도로 아름다웠지만 내면의 심리를 관통한 에곤 실레의 거칠고 암울해 보이는 〈

포옹> 앞에 머물렀다. 눈으로 보이는 것보다 마음으로 보이는 아름다움에 더 끌려서 오래도록 서 있었다. 그때처럼 집을 떠나올 때 동백꽃을 원 없이 보고 오겠다던 다짐은 빗나가고 먼나무에 마음을 빼앗기고 말았다. 할망 카페 앞을 지나 올레길을 걸으면서도 들뜬 마음을 가라앉히지 못했다. 캄캄한 밤이 되어 불빛이 사라져도 눈앞에 어른거려서 잠이 오지 않았다.

대구미술관에서 열리는 강요배 화가의 전시회에 갔다가 먼나무를 처음 보았다. 갤러리 안으로 들어서니 그림과 함께 생생한 자연의 소리가 공간을 가득 메우고 있었다. 화가가 고향 제주에서 직접 담아온 눈 내리는 모습과 바람 불고 비가 오는 풍경에 압도되어 정신이 아득해졌다. 그 소리를 들으며 벽면 한쪽에 당당하게 서 있는 먼나무 앞에서 한참 동안 머물렀다.

화가의 그림들은 역동적이어서 바람의 길처럼 거침없는 자유가 느껴졌다. 거센 파도에 휩쓸려 바닷속으로 빨려들었다가 현무암에 부딪히는 파도가 되어 치솟았다. 바람의 지문이 내 몸 구석구석 새겨지는 듯했다. 여느 전시회와는 색다른 감상을 할 수 있었다. '진짜 자연 앞에서는 그림이 질 수밖에 없다.'라던 화가의 말은 거짓이 아니었다. 마음이 몸이 되는 '체화'의 시간이었다.

먼나무는 따뜻한 남쪽 지방인 보길도와 제주도가 자생지이다. 제주에서는 몸 색이 검게 변한다고 하여 '먹낭'이라고 부른다. 지나가던 길에 보았던 서귀동에 있는 먼나무는 제주 4.3사건 때 공비

토벌을 마친 기념으로 어느 병사가 한라산에서 가져와서 심었다고 한다. 도민들의 자랑거리이자 제주 4.3사건을 상징하는 나무로 역사의 애환이 담겨 있다. 발길을 붙들 만큼 매혹적인 빨간 열매는 누군가의 지울 수 없는 핏빛이 깃들어 있어서 더 찬란하게 보였던 것일까.

겨울 속 빨강은 더 강렬하게 와닿는다. 뜻밖의 눈보라가 스쳐가도 끄떡없는 그 모습을 잊을 수 없다. 첫눈에 반해 눈이 멀었으니 먼나무, 내게서 멀리 있고 손이 닿지 않아 자꾸만 멀어지니 먼나무가 맞다. 먼나무를 보고 나서 그리움이 하나 생겼다. 동박새가 동백꽃을 찾아오는 계절이 되면 먼나무의 안부가 궁금하여 몸이 들썩거린다. 채비를 서두르면서 마음은 벌써 백 킬로로 달리고 팔백 킬로로 날아서 바다를 건너고 있다.

혼자 여행은 나를 위한 선물이다. 수고한 자신에게 고마움을 담아 건네는 내 마음이다. 여행하는 동안은 '보이는 나'가 아니라 '바라보는 나'가 된다. 가장 나다운 나를 만나 더없는 시간을 보낼 수 있어 하무뭇하다. 시간을 내 편에 두고 소유가 아닌 자유로 며칠을 살아보는 것도 꽤 근사한 일이다. '인간은 진정 혼자 있을 때만 자유롭다.'라던 쇼펜하우어의 말을 굳이 빌리지 않더라도 말이다.

꽃 밥상

바람을 따라 골목으로 접어든다. 일터로, 학교로 모두 나가고 분주하던 집들이 조용해진 시간이다. 텃밭 가장자리에 보금자리를 둔 하얀 박꽃에 눈이 머문다. 이슬에 세수한 얼굴이 말갛다. 꽃잎은 한지를 찢어서 만들어 놓은 듯 부드럽다. 새끼손톱보다 더 작은 부추꽃도 산뜻하다. 남보라색 나팔꽃도 줄을 따라 기어오르다가 숨을 고르고 있다. 제각각 절정에 달하여 만개한 꽃들이 밥상을 차려놓고 잠시 앉았다가 가라며 내 손을 잡는다. 기운 없이 터벅거리던 내 안으로 따스한 손길이 스며든다.

화가 정선은 평생 마음을 나누며 살던 친구가 병중에 들었을 때 그림 한 점 그려주며 쾌유를 빌었다. 비가 지나가고 난 뒤 깨끗해진 인왕산처럼 친구 이병연도 얼른 자리에서 일어나기를 간절히 바라는 마음을 담았다. 인왕산 골짜기에서 노후를 보내며 많은 그림을 그렸던 겸재는 말년까지 붓을 놓지 않았으며 눈이 흐려져 안경을 쓰고도 필력을 잃지 않았다고 전해온다.

화가 이중섭은 시인 구상이 병상에 있을 때 천도복숭아를 그려 주었다. '이중섭이 이승을 달랑달랑 다할 무렵이었다'로 시작하는 구상의 시에서 그들의 돈독한 우정을 엿볼 수 있다. 시인은 자신이 폐결핵으로 검은 장밋빛 피를 한 양푼이나 토하고 사신처럼 가만히 누워지낼 때라고 덧붙였다. 그때 이중섭이 찾아와서 얼마나 맛있으면 아담과 이브가 훔쳐 먹었겠냐며, 천도복숭아는 만병을 고칠 수 있다니 이것 먹고 얼른 나으라며 도화지 한 장을 내밀었다. 그 속에는 커다란 천도복숭아 한 개와 씨 대신 쪼그만 머슴애가 기차를 향해 만세를 부르는 시늉을 하고 있었다. 그 후로도 천도복숭아만 보면 이중섭의 말이 떠올라 되씹었다며 회상했다.

구상 시인은 얼마나 행복했을까. 이중섭이 그려준 천도복숭아를 몇 번씩이나 먹었으니, 그때마다 자리를 털고 일어났을 게 아닌가. 늙어서 친구 하나 잘 두면 인생 잘 살았다고 하는데 나는 과연 그런 친구가 있을까. 사람과 사람은 상대적이어서 오가는 정이 있어야 장벽도 낮출 수 있다. 이래서 안 되고 저래서 안 된다고 다 뿌리치고 나니 가슴이 휑하다. 그렇다고 좋아하는 거 사들고 찾아갈 친구가 없는 것도 아니고, 내게 비슷한 일이 없었던 것도 아니다.

학창 시절 먹었던 분홍색 소시지가 생각난다. 몸살감기로 입맛이 떨어지고 기운도 없어 축 처져 누워있었다. 때마침 서울서 직장생활하던 언니가 집에 다니러 왔다. 가뜩이나 입이 짧은 내가 수저를 입에 물고 깨작거리는 걸 보더니 슈퍼에 가서 커다란 분홍 소시지 하나를 사 왔다. 달걀도 입히지 않고 그냥 구웠는데도 맛있어서 젓가락이 여러 번 오고 갔다. 그 덕분에 자리를 털고 일어났다.

세월이 한참 지난 지금도 그 이야기를 떠올릴 때면 눈시울이 붉어진다. 언니는 고기 한 점도 들어가지 않은 밀가루 덩어리인데 무슨 영양가가 있었겠냐고 하지만 내겐 그 소시지가 어느 명약보다 더 힘이 되었던 것 같다. 사람은 감정적인 동물이어서 자신을 위해 마음 써주는 사람이 곁에 있다는 것만으로도 에너지를 얻는다. 나를 일으켜 세운 것은 언니의 마음이었다.

한번은 목감기를 심하게 앓았다. 목소리가 갈라져 나오거나 잠기기도 하여 고통스러운 날들을 보내고 있었다. 그때 내게 역사 수업을 듣는 학생 엄마가 오미자차를 끓여왔다. 늦은 밤중임에도 불구하고 보온병에 가득 담아와 손에 쥐여 주고 돌아갔다. 학생이 집에 가서 내 목 상태를 이야기한 것 같다. 목소리가 안 좋아서 학생에게 영향을 끼친 건 아닌가 싶어 괜히 미안한 마음이 들었다. 목 아픈데 좋을 것 같으니, 잘 챙겨 먹고 얼른 낫기를 바란다며 눈을 보고 웃어주었다. 아이들에게 잘해 줘서 고마운 마음을 갖고 있었다지만 내 할 일을 열심히 했을 뿐이다. 정성 어린 마음이 건너온 순간 몸이 다 나은 듯 가벼워졌다.

누구든 따뜻한 마음을 받으면 기운이 솟는다. 골목길이 차려준 꽃 밥상을 먹고 나니 몸이 가뿐해졌다. 어깨에 힘을 주며 다시 걷는다. 모퉁이를 돌아서 대로변을 향하여 걸음을 옮긴다.

풍경의 마침표

용눈이오름에서 내려와 버스 정류장으로 걸어가고 있다. 콧노래를 흥얼거리며 바람결에 묻어오는 풀 냄새에 몸을 맡겼다. 이 순간만큼은 친구와 나도 한 폭의 풍경이다. 눈치 없이 누군가 차를 태워주겠다며 방해하지 말았으면 싶다.

풍경과 물아일체가 되어 너무 여유를 부렸는지 어느새 날이 어둑해졌다. 걸음을 재촉하여 정류장에 막 도착했을 즈음 버스 한 대가 눈앞으로 휙, 지나갔다. 간발의 차이로 놓치고 말았다. 다음 버스를 기다리며 주위를 둘러보았다. 사방이 오름이고 밭이다. 온통 초록과 검은 흙으로 뒤덮인 세상 한가운데에 서서 간간이 불어오는 바람을 맞는다. 허공에 섞인 풀 냄새가 내 숨결에서도 묻어나오는 듯하다. 길섶에서 들려오는 풀벌레 소리가 고요함을 일깨워 준다.

한없이 기다리는 시간은 초조하다. 드물게 지나가던 차들도 뜸해졌다. 삼십 분, 사십 분, 오십 분, 시간은 점점 흐르고 버스는 오지 않는다. 저물녘이 되자 인가도 없는 황량한 주위로 무서움이 엄습해 온다. 좀 전에 지나가던 차가 태워주겠다는 걸 거절한 게 후회가 된다. 무턱대고 탈 수도 없고 곧 버스가 올 것 같은 생각이 들어서 호의를 물리쳤다. 발밑에서 꿈틀거리고 있던 어둠이 고요한 도로 위에 잰걸음을 부려놓는다.

얼마나 기다렸을까. 저 멀리 자동차 불빛이 보인다. 마치 우리를 태우러 오는 차라도 되는 양 좋아서 폴짝폴짝 뛰었으나 쌩하고 지나가 버렸다. 아쉬움에 한숨을 쉬고 있는데 저만치 달려간 그 차가 비상등을 깜박이며 우리가 서 있는 곳으로 후진해 왔다. 무조건 신세를 져야 할 상황이다. 무릎까지 올라온 어둠이 목을 노리고 있다. 그럼에도 애타게 기다리던 불빛을 눈앞에 두고 탈까 말까, 생각이 갈마든다. 어둠에 묻힐 지경인데도 그놈의 저울질은 멈출 줄 모른다.

운전자가 차창을 내리면서 버스가 아직도 안 왔냐고 묻는다. 불신의 눈으로 그를 쳐다보자, 수의사라고 밝혔다. 좀 전에 농장에 약품을 갖다주러 가는 길에 보았는데 여태 서 있어서 차를 세웠단다. 머뭇거리는 우리 속마음을 읽었는지 경계하지 않아도 되니 걱정하지 말라는 말도 더한다. 관광지라고 해도 시내는 십오 분마다 버스가 있지만 이곳은 외진 곳이라 버스가 자주 오지 않는다는 말에 조금 안심이 되었다. 우리 곁에 서 있던 남학생을 보고 같이 타자며 눈짓으로 신호를 보냈다. 아들뻘 되는 대학생이 함께여서 든

듣했다. 우연하게도 우리와 같은 숙소에 묵고 있다는 말에 식구를 만난 듯 반가웠다.

혼자 또는 여자들끼리 여행하다가 불미스러운 일들이 생기곤 한다는 해괴한 소문이 성성하던 때였다. 숙소가 시외버스터미널 근처에 있지만 가다가 버스가 많이 다니는 곳에 내려달라고 부탁했다. 막막하던 상황에서 만난 구세주였으나 차 안은 불안과 안도감이 섞인 분위기로 가득했다. 그 와중에 따스한 기운이 나를 감싸는 듯 잠이 밀려왔다. 잠들지 않으려고 내려오는 눈꺼풀을 애써 끌어올리고선 창밖으로 시선을 돌렸다.

어둠 위로 며칠 동안 다녔던 풍경들이 파노라마처럼 펼쳐진다. 비에 흠뻑 젖은 비자림, 안개가 자욱하던 사려니숲 길에서 본 산수국과 뒤편 멀찍이 서 있던 맑은 눈을 가진 산노루, 물밑에서 올라와 허공으로 흩어지며 심장에 박히던 해녀들의 숨비소리, 능선이 완만한 오름의 신비로움에 도취해 말을 잇지 못한 채 서 있는 모습이 스쳐 간다. 바람 위로 누워있던 보랏빛 들꽃이 해사한 얼굴로 손을 흔든다. 자연 속에서 내 삶의 폭이 한 뼘 더 깊어지는 순간이었다.

한 치 앞도 보이지 않는 안개 구간을 지나간다. 안개로 뒤덮은 5.16 도로 위로 차들이 켜놓은 점멸등만 깜박인다. 구름 속에 붕 떠 있는 것 같다. 정말 무슨 일이 생기는 건 아닐까. 머리가 혼란스럽다. 모두 말이 없다. 숨소리도 들리지 않을 만큼 정적이 흐른다. 아무도 밟지 않은 길을 간다는 것은 순탄하지 않을 수 있다. 안개 속을 빠져나가면 다시 환해질 거라고 믿으며 자동차가 움직이기를 기다렸다.

얼마나 달렸을까. 저 멀리 우리가 머무르고 있는 숙소 간판이 눈에 들어왔다. 안도감이 밀려왔다. 쓸데없는 상상으로 오해한 마음을 아는지 모르는지 즐겁게 여행하다 돌아가길 바란다는 말을 남긴 채 차는 시야에서 멀어졌다. 무작정 버스를 기다리며 어둠 속에 묻혀가던 우리를 불빛이 환한 시가지로 데려다준 그는 착한 사마리아였다. 그는 내게 청안시를 안겨주었다. 잊을 수 없는 익명의 인연에 지면을 통해서나마 다시 한번 고마움을 전하고 싶다.

풍경의 마침표는 사람이다. 짧지만 길었던 낯선 시간을 품어준 것은 아름다운 풍경 속에서 살아가고 있는 따스한 사람들이었다. 불신을 걷어버리고 기꺼이 내밀어 준 손길은 오래도록 기억에 남을 테다. 숙소로 돌아와서도 미안함이 가시질 않았다. 불안한 우리 눈빛을 보고도 아무렇지도 않은 듯 묵인해 준 것도 고마웠다. 그때 그를 만나지 못했더라면 어떻게 되었을지 생각만 해도 몸이 오싹해진다. 제주에 갈 때마다 그 일이 떠오른다. 제주에 가고 싶은 이유도, 제주가 아름다운 이유도 따뜻한 사람들이 풍경을 제대로 살려주고 있기 때문일 것이다.

마음의 바깥

어느 봄날 수선화 일곱 송이를 안고 섬으로 들어간 당신은 소식이 없다. 쪽빛 바다가 한눈에 들어오는 마을 끝자락에 집을 하나 지었다고, 해무가 짙게 깔린 바다를 볼 때마다 세상에 혼자인 것 같다고, 반짝이는 윤슬에 마음 빼앗겼다며 풍경 사진 몇 장 보내오더니 그마저도 뚝 끊어졌다. 해풍이 드나드는 뜨락에 수선화가 피었다고 언제쯤 연락이 올까.

우물 안 개구리도 바깥세상을 알아야 한다던 당신도 빌딩 숲으로 옮겨가더니 소식이 깜깜이다. '큰물에 큰 고기가 논다'며 입버릇처럼 말하더니 물 만난 고기 되어 넓은 세상을 유영하고 있을까. 일 년에 두어 번 누구에게나 하는 의례적인 인사만 보내더니 옛집에 불이 켜져도 목소리는 들리지 않는다. 떠나간 집은 그리워도 어제의 시간은 오늘이 될 수 없다는 뜻인가.

만날 때마다 입성 먼저 훑어보고선 첫인사를 건네던 당신도 감감무소식이다. 내 안색을 살피거나 마음을 들여다보며 안부를 묻는 것보다 그 옷 처음 보는 건데 언제 샀냐고, 그 가방 안 보던 건데 어디서 났냐고, 그 신발도 신었던 거 못 봤는데 하나 장만 했냐고, 자본주의 눈으로만 쳐다보았다. 화려한 수식어도 없지만 펄럭거리며 다니는 건 더 싫어서 있는 그대로 봐달라며 늘 입던 차림으로 나갔더니 더는 물을 게 없었던 걸까.

걱정거리만 잔뜩 들고 와서 헤어질 때까지 쉬지 않고 하소연하던 당신도 잠적이다. 해결책을 찾았는지, 방향을 다르게 잡았는지는 모르겠다. 얼마나 답답했으면 아무것도 모르는 내게 풀어놓았을까. 허리를 펴고 눈을 마주 보며 경청하려는 나의 태도는 좋았으나 도무지 공감되지 않아 자동인형처럼 고개만 끄덕이던 맞장구가 시원찮았나 보다.

포환 포구에서 혼자 컵라면을 먹고 있으니 쓸쓸하다던 당신도 또 어느 곳으로 가서 하염없이 걷고 있는지 조용하다. 그런데도 외로워서 더 좋다고, 앞만 보고 가다가 위험 경고판이 세워져 있는 것도 모르고 지나가는 바람에 큰 파도에 휩쓸려 죽을 뻔했다면서도 해맑게 웃던 모습이 잊히지 않는다. 듣는 사람은 가슴이 철렁, 내려앉는데 짜릿한 그 기분이 얼마나 좋은 줄 아느냐더니 어디서 또 그런 맛을 즐기고 있는 것은 아닐까.

평생 바다만 바라보다가 죽을 거라며 종종 파도치는 영상을 보내주던 당신도 묵묵부답이다. 전화 몇 번 안 받았더니 삐쳤을까.

불안하게 폭풍 전야 같은 날들이 계속된다. 모래밭에 앉아 푸른 하늘에 잇닿은 물마루를 바라보며 하늘과 바다의 경계선이 어디쯤인가 찾아보고 있을까. 한번 온다더니 몇 년이 지나도 코빼기도 보이지 않는 건 마음이 없다는 뜻으로 단정 지으며 다시는 약속 같은 거 하지 않겠노라 혼잣말하고 있을지도 모른다. 그땐 그래서 못 갔고 이땐 이래서 안 됐다고 속속들이 말할 수 없는 내 사정은 혼자만의 가슴에 묻어두었으니 알 리가 없다. 내키지 않는 일에 무턱대고 나설 수도 없고 자존심 하나로 버텨온 인생이라 말하지 않은 것일 뿐인데 말이다.

어느 사찰에서 상사화를 보며, 마로니에 잎에 떨어지는 빗소리를 들으며, 책 속에 꽂아둔 마른 꽃잎을 들여다보며 내 생각이 났다고 소식 전해오던 당신은 지금 무얼 하고 있을까. 배롱나무에 꽃이 지는 날 만나기로 한 약속 잊지 않았는지 물어보고 싶다. 달력에 그려놓은 동그라미 놓치지 말고 확인 잘하라고, 보고 싶다고 슬쩍 카톡이나 넣어볼까.

텅 빈 마음 밭에 불어대는 바람 소리를 잠재운다. 혼자 거실 바닥에 벌러덩 누워서 겨울 별자리를 찾아 짚어본다. 카시오페이아, 안드로메다, 페가수스, 오리온, 물고기자리, 물병자리. 누구든 전화가 오면 대관령 원대리 자작나무 숲으로 데리고 가서 고흐의 눈 같고 다빈치의 눈 같은, 뭇 예술가들의 눈들이 층층이 박혀있는 자작나무를 끌어안고 종일 눈싸움이나 하며 놀다 올까. 꾹꾹 눌러놓았던 감정들을 불러내어 주문진 바닷가에 부려놓고 발이 부르트도록 걸어볼까. 어디로 가서 무엇을 하든 배낭 하나 둘러메고 무작정 떠나볼까.

당신 마음 바깥을 서성이며 혼자 바람을 맞는다. 시원해서 좋고 누구처럼 외로워서 더할 나위 없다며 주머니에 손 푹 찔러 넣고 서 있는데 바람이 자꾸 등을 민다. 어쩌라고, 그렇게 밀어대면 넘어질지도 모르는데 생각 없이 군다. 아예 사정없이 확 밀어서 넘어트린다면 그 핑계로 시원하게 울어줄 수도 있을 테다. 그럴 용기는 또 없어서 그저 앞으로 나아가라고, 멈추지 말고 계속 전진하라는 말만 되풀이하는 것 같은데 영 속도가 붙지 않는다.

물이 앞으로 나아가고 동서남북으로 넓혀간다는 뜻이 담겨 있는 호를 선물 받은 적 있다. 쑥스러워서 한 번도 써 보지 않았지만 내게 안성맞춤이라던 말이 이제야 떠오른다. 글을 쓰는 데 깊은 의미가 있는 것은 물론이고 인간관계도 아우르는 말이겠다. 물이 머물면 고여서 썩게 되듯이 좁고 깊은 것만 고수하며 폭을 넓히지 못하니 우물 속으로 던진 두레박에서 텅텅 소리만 듣는지도 모른다.

사람과 사람 사이에도 꾸준히 주고받는 뭔가가 있으면 더 좋을 것 같다. 집에만 들어오면 바깥을 잊어버리는 내겐 더 그렇다. 다정하고도 무정하며, 따뜻하고도 차가운 마음이 공존하여 혼자 시간을 즐기지만 가끔은 누군가 그리워 종일 타인의 마음 바깥을 서성거릴 때도 있다. 문밖에서 안을 들여다보며 말 걸어 보고 이야기 나누고 싶다. 사람은 떠나고 없어도 문득문득 찾아오는 그리움이 있어 외로움을 해소하며 산다. 내게 그리움은 사랑의 또 다른 장르다. 계절마다 꽃이 피고 지는 자연 속에서는 변방이 되어도 괜찮다.

오늘은 눈 딱 감고 바람이 시키는 대로 해볼 참이다.

연초록 집

봄꽃이 흐드러지게 피었습니다. 어디 숨었다가 한꺼번에 우르르 쏟아져 나왔는지 잎눈으로 꽃눈으로, 대지에 박아둔 초록별들이 빛을 발하기 시작합니다.

친구는 요즘 입을 귀에 걸어놓고 삽니다. 독립 만세를 소리 없이 외치느라 바쁩니다. 누구든 한 번쯤은 나만의 독립을 꿈꾸며 살잖아요. 이루어지지 않을 것 같은 그 꿈이 중년이 된 지금에야 이루어졌으니 신날 수밖에요. 오로지 자신만을 위해 밥솥을 사고 계란말이를 한다는 게 중요하지요. 흥얼흥얼 콧노래가 저절로 나올만도 합니다. 곁지기 앞에서는 좋아하는 티를 내지 말아야 하는데 눈치 없이 고걸 숨기지 못하고 콧구멍이 벌렁벌렁합니다. 곁지기가 누굽니까. 수십 년 넘게 한 이불을 덮고 살고 있으니, 숨소리만 들어도 왜 그러는지 훤히 꿰고 있을 텐데 말이지요. 입 다물고 있어도 몸이 붕붕거린다고 고백합니다.

친구 따라 독립한다고 이참에 나도 조용한 시골에 자그마한 집 한 채 얻어서 혼자 살아보고 싶은 꿈을 꿔 봅니다. 애들도 제 밥벌이하고 있고, 그도 혼자 밥 찾아 먹을 수 있을 테니 자신을 위한 시간을 내어봅니다. 집안일에서 해방되어 한 번쯤 살아보고 싶거든요. 그이에게 압력밥솥과 세탁기 사용법만 알려주면 문제없을 것 같습니다. 그이는 제 생각을 존중해 주는 편이니, 반대하지 않을 거예요.

대문에 '연초록 집'이라고 문패를 답니다. 그 안에서 가끔은 애벌레가 되어 잔뜩 웅크리고 있습니다. 볕 좋은 날은 반짝거리는 잎눈이 되고, 비 온 뒤에는 꽃눈이 되어 세상을 둘러봅니다. 노트북에 한 문장 적어놓고 종일 멍때리더라도 생명의 시작점이 된다는 의미를 담았습니다. 어머니의 자궁 같은 곳이라면 과할지도 모르지만 상관없습니다. 뭐 잠시 있다 올 거면서 거창하게 집 이름까지 짓느냐고요, 삼백육십오 일이면 팔천칠백육십 시간, 제게 그 숫자는 어마어마하니까요.

혼자 있으니, 시간이 무한정 자유롭습니다. 뱃속도 길들이기 나름이라고 먹기 싫으면 밥을 안 해도 되고 사과 한 조각에 삶은 달걀 하나면 그만이지요. 밤새 불을 켜놓고 이 책 저 책 뒤적거리다가 그대로 엎어져 잔들 누가 뭐라고 하겠어요. 별빛이 쏟아지는 날엔 마당으로 나가서 춤을 춰도 나무랄 사람 없습니다. 감정에 충만하여 그저 몸과 마음이 가는 대로 흐느적거리면 되는 거지요.

눈이 떠지는 대로 하루를 시작합니다. 덕분에 늦잠 한 번 자지 못하고 날마다 기상 시간에 맞춰 목청을 돋우던 알람 시계는 휴가를 얻었다고 신이 났습니다. 커피 한잔을 내려서 초록색 대문을 바라보겠지요. 참새 떼가 허공을 날아다니며 경쾌한 목소리로 노래를 부릅니다. 스투티가 우아한 왕관을 쓰고 초록 마당을 거닐고 풀잎과 꽃들은 그 소리를 들으며 부스스 잠에서 깨어날 테지요. 길고양이가 대문 안으로 들어와 아침 인사를 하는 척 야옹야옹하며 뭐 먹을 게 없냐고 슬쩍 물어올지도 모릅니다. 그걸 또 그냥 지나칠 수 없어서 어젯밤에 먹다 만 치즈 한 조각을 인심 쓰듯 던져 주며 눈맞춤을 하겠지요. 정말이지 몸이 붕붕거리는 게 맞습니다.

감나무 잎이 햇살에 반짝이는 모습에 끌려 종일 연두 잎을 바라봅니다. 잎맥의 신비스러움에 끌려 감탄하며 감나무 아래 오래 앉아 있겠지요. 그러다가 아차 싶어서 후딱 머리를 감고 립스틱을 바른 후 차를 몰고 시내로 향합니다. 외출할 땐 단정한 차림에 깨끗한 화장은 필수, 자기만족 차원이지요. 마트에 들러 주전부리를 조금 사고 서점으로 달려갑니다. 인터넷 서점도 훌륭하지만, 발품 팔아가며 책방을 둘러보는 그 맛도 꽤 좋습니다. 적바림해 둔 책을 찾아 두리번거리다가 읽고 싶은 책을 한 보따리 사 들고 콧노래를 부르며 돌아올 겁니다.

오자마자 보따리를 풀고 책을 펼쳐 듭니다. 소쩍새 울음소리를 들으며 한 권 한 권 읽어나가는 재미도 쏠쏠합니다. 책으로 가득 채워놓은 방안에서 '책식주의자'가 되어 글자와 글자 사이를 오가며 벽면에서 걸어 나온 활자들과 이야기 나누느라 아침이 오는 줄도 모를 거예요. 새삼스럽게 다윈의 종의 기원을 이야기하고, 칼 세이건의 코스모스를 논하며 말이지요. 너나 나나, 우리는 다 같은 별의 자손이라며 한바탕 웃게 되겠지요.

비가 오거나 눈이 오는 날은 감성이 무더기로 쏟아져서 뼛속까지 젖어 들지도 모릅니다. 노인들이 뼈마디가 쑤시고 아프듯이 말이지요. 혼자만의 시간이라는 자유를 위해 가볍게 레드 와인을 한 잔 마십니다. 어느 해 겨울 동유럽에 갔을 때 성탄절 프리마켓이 열리는 광장에서 따뜻하게 데운 붉은 포도주를 한 모금 마시고 얼굴이 후끈 달아오르던 기억을 떠올리게 될 거예요. 해독 못 하는 몸도 달뜨고 마음 자락은 휘청휘청 춤을 출 테지요. 좋다, 좋다는 말을 새장 속 앵무새처럼 무한 되풀이하면서 말이지요.

동네 할머니들이 우리 집 앞을 지나가면 불러서 달콤한 커피믹스 한잔 대접하고 근황을 물어봅니다. 밥은 잘 드시는지, 아침 드라마에 나오는 그 못된 여자는 어떻게 되었는지, 약은 잘 챙겨 드시는지, 자식들이 전화는 자주 하는지, 고구마는 언제 심어야 하고 감자는 또 언제 밭고랑에 묻어야 하는지 말입니다. 당장 텃밭으로 달려가겠다는 건 아니에요. 따가운 볕이 순해질 때까지 할머니들이 밭에 나가지 못하게 붙들어 놓고 싶어서지요. 감자 고구마 대신에 어르신들이 들려주신 이야기를 슬쩍 내 글 밭으로 옮겨 심을 거예요. 무논에 벼가 누렇게 익어갈 때쯤이면 허락 없이 심어놓은 내 글 밭에도 추수할 일이 생길지 모르잖아요.

뒷산에서 들려오는 멧비둘기 울음소리를 들으며 텃밭을 지나 포도밭으로 걸어갑니다. 포도 농사를 짓던 시절에 식구들과 품앗이 나온 그이들이 한자리에 모여 포도를 상자에 담던 모습이 떠오르더니 바람결에 책장 넘어가듯 사라지고 맙니다. 오래된 포도나무를 만지며 에게해 연안에서 노부부가 탱고 음악을 틀어 놓고 춤추던 장면을 떠올립니다. 와인잔을 들고 그야말로 행복해서 죽을 것 같다며 어금니까지 드러내며 웃고 있습니다. 대학교 때 서로 사랑한 그들은 어쩌다가 다른 길을 가게 되었고 늘그막에 다시 만나게 되었답니다. 할머니가 그림 전시회를 열었는데 할아버지가 센스 있게 그림 한 점을 사주셨다나요. 그 그림을 가리키며 "참 멋있게도요"하는 할머니의 그 말에 행복이 활화산처럼 뿜어져 나옵니다. 지금은 할아버지가 천연석으로 액세서리를 만들고 할머니는 그것을 갖다가 가게에서 팔고 있습니다. 뜨겁게 사랑한 지 이제 겨우 일 년이 된 신혼부부랍니다. 탱고 음악에 맞춰 춤추는 그들의 어깨 너머로 푸른 에게해도 출렁입니다.

포도밭을 돌아 다시 집으로 발걸음을 옮깁니다. 별과 바람, 고양이와 가로등이 있어도 대문을 닫고 현관문까지 꼼꼼하게 살펴봅니다. 새침한 초승달이 방 안으로 들어오겠다면 바람이 대신 창문을 두드려 줄 테니 그때 다시 열어주면 되니까요. 돋보기를 코 위에 얹고 낮에 읽다 만 책을 펼치고 다시 허기를 채웁니다. 쓰다만 원고 앞에 앉아 오래오래 시간을 보냅니다. 밤이 가고 또 가도록 말이지요.

이번 생은 끄떡없다

그녀의 집에서 나와 시내버스를 탔다. 역으로 가는 게 분명하다고 일러주었는데도 마음이 쿵쿵댄다. 이 도시에서 버스로 이동해 보기는 처음이라 혹시 다른 곳으로 가는 건 아닐까 겁난다. 그녀의 말을 못 믿어서라기보다 자신이 낯선 환경에서 느끼는 부담감 때문이다. 지리도 모르면서 창밖을 내다보며 두리번거린다. 눈에 익지 않은 길 위에 서 있으니 두려움이 온몸을 휘감는다. 정류장마다 나오는 방송을 한 마디라도 놓칠세라 촉각을 곤두세웠다. 십 분이면 간다던 거리가 한 시간처럼 길게 느껴진다. 등줄기로 땀이 흘러내린다.

긴장해서 멀뚱거리다 보니 목적지가 눈앞이다. 안내 방송이 나오자마자 벌떡 일어나서 하차 벨을 눌렀다. 문 가까이 다가서며 참았던 숨을 내쉬었다. 답답하던 버스에서 빠져나오니 매연 섞인 공기도 반갑다. 방향감각이 빛을 잃기 전에 서둘러야 한다. 주위에 큰 건물을 외워두면 좋다던 그의 조언이 퍼뜩 스쳐 간다. 역으로 가는 길에 봐둔 건물을 확인한 후 횡단보도를 건너갔다. 낯익은 간판이 눈에 들어오자 얼었던 몸이 풀리면서 제자리로 돌아왔다.

마트에 갔다가 집으로 돌아올 때도 방향을 익히느라 수개월이나 걸렸다. 입구와 출구가 달라서 가끔 가는 곳인데도 머리가 하얘진다. 어느 쪽으로 나가야 하는지 망설이다가 놓쳐버려서 다른 방향으로 진입한 적도 있다. 좌회전이 맞느냐고 같은 말을 되풀이하며 물어본 것도 수십 번은 넘는다. 고개를 절레절레 흔드는 가족 앞에서는 머리가 나빠서 그렇다고 자랑도 아닌 것을 자랑인 양 인정해 버린다.

그 머리로 어떻게 글을 쓰는지 모르겠다며 농담 반 진담 반 섞인 딸아이 말에 글은 머리로 쓰는 게 아니고 가슴으로 쓰는 거라고 맞받아 쳐놓고도 씁쓸하다. 생각해 보면 그 말도 영 틀린 말은 아닌 듯하다. 여태 마음에 드는 글은 몇 편도 못 썼으니까. 그래도 언젠가는 괜찮은 작품 꼭 써 볼 테니 두고 보라지.

내비게이션이 나오기 전에는 그가 조수석에 앉은 내게 지도를 던져 주었다. 자기는 운전 중이니 나 보고 몇 번 국도는 어디로 나가야 하는지 찾아보란다. 갓길에 잠시 세우고 직접 찾아보면 될 것을 굳이 나한테 물어본다. 지도만 보면 한없이 작아지는 줄도 모르고 눈치 없이 재촉하기 바쁘다. 머리가 혼란스럽고 갑자기 잘 보이던 눈도 캄캄하다. 그것도 모르냐며 핀잔주는 그가 야속하지만 어쩌랴. 땅 그림이 보이지 않고 읽히지 않는 것을, 머릿속을 뒤집어 보여줄 수 없어서 더 답답할 노릇이다.

내비게이션은 그나마 지도보다는 낫다. 몇백 미터라는 거리의 가늠이 어려워서 그렇지, 목적지까지 천천히 따라갈 수는 있다. 진땀이 나고 머리카락이 쭈뼛 서더라도 잘못 접어들면 되돌아갈 만큼 여유도 생겼다. 긴장하면 공간 지각력이 급격하게 떨어져서 도통 앞이 보이지 않는다. 어디 이 병 잘 고치는 데 없을까.

새 휴대전화로 바꾸고 나서도 온전한 내 것으로 만들기까지 시간이 꽤 걸리는 편이다. 기계치는 조작법을 익히기가 여간 어려운 게 아니다. 한번은 뭘 잘못 눌렀는지 휴대전화가 초기화되어 버렸다. 기억하는 전화번호도 몇 안 되는데 난감했다. 굳이 필요하지 않은 것을 왜 만들어놔서 힘들게 하느냐고 괜히 엄한 사람들만 탓했다. 자주 쓰는 것만 눈에 익어서 한 번도 사용해 보지 않은 기능이 섭섭할 수도 있겠다. 한글을 한자로 바꾸는 기능도 얼마 전에야 알았다. 그야말로 유레카였다.

그래도 압이 차 있는 상태인 전기압력밥솥을 열어볼 거라고 드라이버로 이리저리 쑤셔보다가 다 망가트려 놓은 어떤 사람보다, 쌩쌩 돌아가고 있는 선풍기에 멈춤 버튼 작동이 안 된다고 코드를 마구잡이로 뽑아버리는 어떤 사람보다는 선생이다. 그 선생이 그 선생인 줄 아는지 우리 옆집 할머니는 휴대전화가 안 될 때마다 내게 가져와서 도움을 청한다. 다행히도 아는 것만 물어봐서 가뿐하게 알려드렸다. 할머니는 내가 모르는 게 없다고 생각하시며 볼 때마다 고맙다고 요구르트나 사과 몇 알을 손에 쥐어주신다.

기계를 잘 다루지 못해도, 지도를 볼 줄 몰라도, 방향감각이 둔해서 어리바리해도 여태껏 잘 살아왔다. 남에게 피해를 주지 않으면 그만인 것을, 어디 이런 사람이 나뿐일까. 이번 생은 끄떡없다.

오일장 풍경

기차역으로 달려가던 중에 표가 매진 되어버렸다. 다음 표를 끊고 나니 한 시간가량 여유가 생겼다. 카페로 들어가서 아이스 아메리카노 한 잔을 주문하고 벽 쪽으로 난 테이블로 가서 자리를 잡았다. 휴가 나온 군인이 커피를 주문하고 젊은 연인들이 곳곳에 앉아 차를 마신다. 홀로 구석진 자리에 앉아 휴대폰을 들여다보는 여인도 나처럼 시간을 기다리고 있나 보다. 커피가 연두색 빨대를 타고 올라온다. 온몸을 휘감고 있던 더위가 각얼음이 동동 떠 있는 커피 몇 모금과 에어컨 바람에 조금씩 누그러진다.

시간이 주어지지 않아서 가까운 곳도 나가보지 못했다. 답답하던 차에 달력을 보다가 오일장이 서는 날인 걸 알았다. 영천 오일장은 전국에서 손꼽을 정도로 유명하다. 장날이 되면 엄마를 따라 시장으로 갔다. 어디선가 고함소리가 들려오면 구경꾼들이 우르르 몰려가던 진풍경이 아직도 눈에 선하다. 꽁무니를 좇아 틈 사이로 들여다보던 광경에 가슴이 콩닥대던 기억이 생생하다.

대구를 지나 하양을 거쳐 영천에서 내렸다. 역광장으로 나오니 뭔가 모를 익숙함과 편안한 공기가 나를 감싼다. 마중 나와 반겨주는 이 없어도 고향의 품은 푸근하다. 한약 냄새가 진동하는 약전골목을 지나고 사람들이 북적거리는 시장으로 들어섰다. 옛 생각에 걸음이 빨라진다. 나무 지붕만 있던 그 싸전* 자리를 찾아 걸음을 옮겼다. 그 모습은 간곳없고 반듯한 현대식 가게들이 즐비하다.

그 옛날 싸전에서는 재미나는 광경이 벌어졌다. 장사꾼은 인심 쓰듯 됫박이나 말을 잴 때 봉으로 밀다가 끝에 조금 남겨주었다. 일종의 덤이었다. 아주 근소한 차이인데도 한 줌이라도 더 얻으려고 서로 실랑이가 벌어졌다. 언성이 높아지고 언어가 거칠어지다가 급기야는 말이나 됫박을 엎어버렸다. 김홍도의 씨름판보다 더 흥미로웠다. 그런 일들이 빈번하게 일어나서 조마조마했지만 옆에서 새미를 부추기다가 낭패 본 사람도 있었다. 이 사람 저 사람 표정을 살피다가 흥정이 이루어지면 어린 가슴을 쓸어내렸다. 싱겁게 끝나버려 구경거리가 줄어드는 날도 있었다. 서민들의 애환과 생활 모습이 적나라하게 드러나는 시장은 재미나는 볼거리가 넘쳐났다.

다시 걸음을 옮긴다. 구수한 육수 냄새가 번져오는 곰탕 골목을 지나간다. 비릿한 생선 냄새가 코를 막는 어물전으로 들어서니 좌판 위에 돔배기가 가지런히 놓여있다. 돔배기는 영천의 명물로 상어를 토막 내어 소금에 절여서 몇 달 숙성시킨 고기를 일컫는다. 귀하고 몸값이 비싼 까닭에 제삿날이 아니면 구경하기 힘들었다. 지방마다 집집마다 제사상에 올리는 제물은 조금씩 다르다. 친정에서는 돔배기를 제사상에 올렸다. 꼬치에 끼워 찌기도 하고, 찐 것을 한 번 더 프라이팬에 구워 먹으면 삼삼하면서도 담백하다. 비린내는 물론 잡냄새도 없다.

돔배기가 영천 지역에 발달한 것은 옛날 교통이 발달하기 전부터였다. 냉동고가 없던 시절 바닷가에서 내륙까지 이동하는 동안 상하지 않게 하려고 보부상들이 소금에 절여서 지고 온 것이 유래가 되었다. 덕분에 내륙 지방 사람들은 쫄깃하고 담백한 돔배기를 맛나게 먹을 수 있었다.

처마 밑에 나란히 있던 국숫집과 새알심을 넣어 만든 팥죽집도 사라져 버렸다. 엄마가 장을 다 보고 나면 으레 국숫집에 들렀다. 어쩌면 그 재미로 장날이면 따라나섰을지도 모른다. 남의 집 처마 밑에 나란히 있던 국숫집과 팥죽집도 불러와 앉혀본다. 비 오는 날 국수를 먹고 있으면 처마에서 낙숫물이 등으로 떨어져 내려 옷이 다 젖었다. 게 눈 감추듯 후딱 먹어 치우는 날은 혹시 양이 부족한가 싶어서 팥죽 한 국자를 대접에 부어주던 그 아주머니가 환하게 웃으며 나를 반기는 듯하다.

등으로 땀이 흘러내릴 정도로 무더운 날이다. 어린 날의 오일장 풍경을 찾아 헤매느라 때를 놓친 탓인지 배꼽시계가 시끄럽게 울어댄다. 여름날 장 구경에는 얼음이 동동 떠 있는 시원한 국물이 최고다. 마땅한 곳을 찾다가 '냉콩국수'라고 커다랗게 써 붙여 놓은 어느 식당으로 들어갔다. 옛 생각에 콩국수 한 그릇을 시켰다. 찬물에 국수 헹구는 소리가 들려온다. 젓가락을 챙겨 든다. 처마 밑에 앉아서 먹던 그 맛이 나려나.

*싸전: 쌀과 그 밖의 곡식을 파는 가게

3부

ㅇ

모든 순간이 절정이었다며

꽃은 지면서 춤을 춘다

섶섬 앞 올레길에 봄의 전령사들이 옹기종기 등을 맞대고 있다. 돌 탁 아래 핀 고고한 수선화며 유채꽃이 함박웃음을 짓는다. 손에 쥐면 통통거리며 금세 빠져나갈 듯한 동글동글한 금귤이 노랗게 익어간다. 애기동백 군락지를 지나다가 발걸음을 멈추었다. 어젯밤에 무슨 일이 있었기에 동백의 눈시울이 저토록 붉게 젖어 있을까.

〈모란 동백〉 노래가 떠오르면서 가수 조영남의 말이 겹친다. 어느 방송에서 훗날 그의 장례식 때 이 노래를 조가로 불러주길 원한다는 소리를 들었다. 평소 좋아하는 곡이라 가끔 흥얼거리는데 그 말을 듣는 순간 가슴이 먹먹해졌다. 그는 원로 가수의 장례식에서 고인이 남긴 〈알뜰한 당신〉을 부르던 중에 웃음이 새어 나와 곤욕을 치렀다며 속마음을 털어놓았다. 자신이 살아온 길이 그다지 본보기가 될 만하지 못하다고 여겼는지 그런 노래를 한다는 게 좀 민망하더라며 씁쓸하게 웃었다. 본인의 장례식에는 어떤 게 좋을까 고민하다가 이 노래를 지었다고 한다. 가사를 가만히 따라가 보면 인생의 고달픔과 삶의 허무함이 안겨 와 마음이 착 가라앉는다. 누군가의 외로운 일생을 돌아보는 듯하여 숙연해진다. 고요하고 쓸쓸하면서도 아름답다.

죽음은 체험할 수 없기에 타인을 통해 보고 들으면서 느낀다. 장례식장에 즐비하게 놓여 있는 수백수천 송이의 꽃은 떠나는 이가 열심히 살아온 산물임을 보여준다. 결국 빈손으로 돌아간다는 삶의 덧없음도 깨닫게 해준다. 국화꽃은 수북한데 한 사람만 없다. 허무하게도 오랫동안 가꾸어 놓은 꽃들 다 불러놓고 나오지 않는다. 나만 빼고 다 모였다며 영정사진 속에 들어앉아서 빙그레 웃고 있다.

부산 보수동 헌책방 지하에서 《춤추는 죽음》과 눈이 마주쳤다. 나도 모르게 동공이 커다래지면서 가슴이 두근거렸다. 기괴할 만큼 적막한 죽음이 춤을 추다니, 그 역설적인 제목에 끌려 책을 펼쳤다. 서양 미술에 나타난 죽음의 미학을 다룬 내용이었다. 죽음 앞에서는 특권이 없으며 누구나 평등하다는 메시지를 던져 주었다. 죽음은 그 사람이 세상에서 누렸던 부귀와 영화를 이야기하면서 이제 그 모든 것을 포기하고 자기와 춤을 추자고 권한다. 거부할 수 없는 권고 앞에서 그들이 누렸던 지상의 모든 즐거움은 허무하게 끝나버린다.

프라하 구시가지 광장에서 천문시계를 올려다본 적 있다. 모래시계를 든 해골이 죽음이 오고 있다고 알려주면 거울을 보던 사람, 주머니를 든 사람, 기타를 치고 있던 사람은 죽음을 외면하며 고개를 젓는다. 창문으로 예수의 열두 제자가 죽음을 맞는 그들을 내려다보면서 조용하게 스쳐 가고 황금 수탉이 운다. 자만과 탐욕과 유흥에 빠진 인간들은 죽음 앞에서는 부질없는 존재가 되고 만다. 긴장감이 흐르는 십오 초가 지나고 나니 허탈함이 몰려왔다.

누구든 언젠가는 죽음을 맞이하는 순간이 온다. 타고나는 생명줄은 저마다 달라서 지겨울 만큼 긴 생도, 아쉬울 만큼 짧은 생도 있다. 종교를 가진 사람들은 내세가 있다고 운운하지만, 솔직히 잘 모르겠다. 무엇으로든 환생하게 된다면 축복이 아닐까. 불멸할 수 없기에 우리는 아침에 나왔다가 저녁이면 돌아가야 한다. 세상에 미련이 남아 미적거려 봐도 더는 따스한 숨결을 불어넣지는 못한다.

죽음이란 단어는 나와는 멀다고 여겨서 떠올려 보지 않았다. 부모님은 애지중지 키운 자식을 눈앞에 두고도 손 한 번 잡아보지 못하고 마지막 순간을 맞이했다. 간절히 하고 싶은 말이 있었을 텐데도 멍한 눈빛 속에 가두어 버린 채 떠나버렸다. 갑자기 날아온 지인의 비보를 받아 들고 왜, 왜라는 말만 되풀이하며 허둥거렸다.

생각이 깊어진다. 날개를 펼친 크로노스가 모래시계를 들고 나타나서 친절하게도 생의 허락된 시간이 다 되었음을 알려준다면 흔쾌히 받아들일 수 있을까. 죽음 앞에 홀로 서면 끝없는 실존적 공포를 보여주는 뭉크의 〈포옹〉과 호들러의 〈밤〉처럼 내 생의 마지막 순간도 저런 모습은 아닐까. 세상에 와서 처음으로 한 말이 '맘마'였는데 어떤 말로 생의 마침표를 찍을까.

눈을 감고 나서도 죽음 밖으로의 세상이 보일까. 주검을 둥글게 에워싸고 있는 사람들을 향하여 "당신 덕분에 행복했어요."라며 한 사람 한 사람에게 마음 담은 눈길을 보낼 수 있을까. 아직 보고 싶은 사람이 안 왔는데 혹시 오고 있더냐고 물어볼 수 있을까. 삶의 순간들을 엮어놓은 영상을 틀어 놓고 두려움 없이 죽음과 손잡고 편안하게 춤출 수 있을까.

사랑하는 사람들과 적당한 희로애락을 맛보며 무던하게 살아가고 있다. 하고 싶은 것에 몰두하며 세상을 많이 느껴 보고 싶어서인지 목마름은 지속된다. 한 번쯤은 살고 싶은 대로 살아봤으면 하는 바람도 떨칠 수 없다. 누구든 삶에 열정을 쏟는 이유는 생이 유한하기 때문일 것이다. 남은 생은 더 치열하게 살아보고 싶다. 환한 얼굴로 이별하려면 자주 만나서 밥도 먹고 차도 마시며 즐겁게 살아야 할 것 같다.

우리는 언젠가 세상에서 지워져 살터로 돌아갈 존재이다. 한번 피었다가 시들어 버릴 꽃이다. 꽃은 지면서 춤을 춘다. 활짝 피어나던 그 절정의 순간을 못 잊어서 떨어진 꽃도 춤을 춘다. 모든 순간마다 절정이었다며 허공에 몸을 맡긴다. 어쩌면 지난밤에 동백

꽃도 그랬을지 모르겠다.

다시 길을 걷는다. '어느 바다에 떠돌다 떠돌다 어느 모랫벌에 외로이 외로이 잠든다 해도 또 한 번 동백이 필 때까지 나를 잊지 말아요.'라는 노랫말이 귓전을 맴돈다. 파도에 밀려왔다 사라져간다. 중년의 여인 하나가 켜켜이 쌓인 주름으로 깊은 웃음을 지으며 봄 속으로 걸어가고 있다.

무곡 아이들

서랍 정리를 하다가 고이 간직해 놓은 편지 묶음을 발견했다. 빛바랜 편지 속에서 한 아이가 웃으며 걸어 나온다.

봄눈이 막 돋아날 무렵에 학교 근처에 있던 벚나무를 누군가가 다 베어버렸다며 울상을 지었다. 산불이 나서 연기가 마을로 내려오고 있는데도 겁 없이 산으로 올라가 불길이 잡힌 뒤에야 내려왔다. 어린 마음에도 민둥산이 될까 봐 안타까워 지켜볼 수만 없었다며 사시나무가 되어 떨고 있었다. 농번기에는 트랙터를 몰고 논으로 나가서 부모님을 도왔다. 초등학교 육 학년이 어른이 다루기도 힘든 농기계를 능숙하게 부리는 걸 보고 마을 사람들은 대견하게 여겼다. 다 컸다 싶으면서도 아직은 어린 나이라 다치지는 않을까 염려도 떨칠 수 없다.

사춘기는 날마다 봄이었다. 좋아하는 여자 친구가 생겼다며 얼굴이 발그스름해졌다. 그 또래 남자아이들이 다 그렇듯이 좋다는 말은 못 하고 매일 놀리거나 장난만 친다며 머리를 긁적거렸다. 여자아이들은 그런 거 싫어한다고 귀띔해 줘도 가까이 가기만 해도 부끄럽다고 멋쩍은 미소를 지었다. 빼빼로데이에 선물을 줄 거라며 애드벌룬처럼 둥둥 떠다녔다. 학교 줄넘기팀이 전국 대회에 참가하게 되었다며 어깨가 어디까지 올라가 있다. 중학생이 되면 더 이상 할 수 없다는 아쉬움도 내비쳤다. 졸업식에 올 거냐고 물었다. 가겠다고 약속은 했으나 사정이 생겨서 지키지 못했다. 선물만 우편으로 보내고 미안함은 마음에 남아있다.

가을이 시작되는 길목에서 아이들을 처음 만났다. 자원봉사 활동으로 농어촌 아이들의 방과 후 수업 지도에 종이접기 자격증이 있어 동참하게 되었다. 버스를 타고 한 시간가량이면 도착하는 그곳은 조용하고 한적한 시골 마을이다. 무곡분교도 아이들만큼이나 예쁘다. 전교생이라야 도시 학교의 두 학급 수 정도로 사십여 명에 불과하다. 아이들은 한 마을에 둘레둘레 모여 살아서인지 모두 한 가족 같다. 애정을 주머니에 가득 넣어 다닌다.

처음 교실 문을 열고 들어서면 오래 묵은 퀴퀴한 냄새가 코를 찌른다. 그토록 반갑게 반기는 냄새는 처음이라 살짝 당황스러웠으나 적응하는 데 시간은 그리 오래 걸리지 않았다. 창문을 투과한 햇볕 줄기에 교실 안을 부유하는 먼지들이 낯설지 않다. 빛이 아니면 보여주지 않는 아주 작은 원자들이 자연스러워지면서 익숙해졌다. 알고 보면 우리는 모두 원자로 이루어진 물체라는 걸 상기시키며 뿌연 빛 속에서 나를 기다리고 있는 아이들 모습에 끌려 교탁 위로 올라섰다.

점심때 무엇을 먹었는지 입 언저리에 묻어 있는 양념을 보면 금방 알 수 있는 꼬마 정남이, 빼빼 마른 애자가 코맹맹이 소리로 "선생님, 이렇게요?"라며 연방 외쳐댄다. 과자 통 속에 들어있는 스티커를 안 준다며 교탁 밑에 들어가서 엉엉 소리 내어 우는 금실이, 내가 좋아 다른 선생님께는 배우지 않겠다던 은미, 가슴을 뜨겁게 데워준 모두를 잊을 수 없다.

수업이 끝나면 과자를 나눠 먹고 학교 구석구석을 누비며 해맑은 모습을 사진으로 남겼다. 인화된 사진을 들여다보며 배꼽을 잡고 웃고 또 웃었다. 잘 간직하자며 저마다의 새끼손가락을 걸었다. 부끄러워 말도 잘 못 하면서 노란 국화꽃을 한 아름 꺾어와 내 품에 안겨주고선 뒤도 안 보고 도망가 버리는 아이도 있었다. 해 질 녘까지 아이들을 따라다니다 보니 나도 어느새 동심 속으로 동화되어 갔다.

벼가 누렇게 무르익어서 들녘은 황금빛으로 변해갔다. 참새들도 때를 만난 듯 무더기로 날아와 낟알을 쪼아먹느라 정신이 없다. 밀짚모자를 쓴 허수아비와 친해졌는지 무서워하지 않았다. 우리는 무엇을 하든 한 호흡이 되었다. 아이들 앞에 서 있지만 오히려 따뜻하고 순수한 마음을 배우는 것은 자신이었다. 무엇과도 바꿀 수 없는 행복이 찾아오는 시간은 빠르게 흘러갔다.

노란 국화 향기가 진하게 퍼지던 어느 날 우리는 작별 인사를 나누었다. 수업을 마치고 학교 운동장을 가로질러 나오는 등 뒤로 풍금 소리가 따라왔다. '하늘나라 동화'를 부르는 아이들의 노랫소리가 교정에 울려 퍼졌다. 순간 '선생님, 내년에 우리 학교가 폐교돼요.'라던 말이 귓가에 맴돌았다. 걸음을 멈추었다. 폐교와 날개 달린 천사가 교차하면서 풍금 소리에 섞여 든 노랫소리가 허공으로 흩어졌다 모이기를 반복했다. 아득히 멀어지는 게 아쉬웠다. 교실을 오랫동안 바라보며 생각날 때마다 꺼내보려고 아이들 모습을 마음에 담았다.

분교의 학생 수가 줄어들었으니, 본교와 통합은 어쩔 수 없는 일이다. 정책은 정책일 뿐, 아이들의 서운한 마음을 어찌 다 헤아릴 수 있을까. 어린 나이라고 모교가 없어지는데 무덤덤할 리가 없다. 해맑은 얼굴들이 눈앞에 아른거려서 걸음이 옮겨지지 않았다.

불쑥 그리움이 차올라 운전대를 잡았다. 아무도 없을 텐데, 누가 기다리기라도 하는 듯 마음이 바빠진다. 그곳에 가면 희미해져 가는 아이들 모습이 생생하게 떠오를 것 같다. 그들은 이미 성인이 되어 각자 제 갈 길을 찾아 도시로 떠나고 없을 테다. 교문 곁에 있는 은행나무와 관사 앞에 피던 노란 국화 안부도 궁금하다.

수십 년 전에 그랬던 것처럼 오늘도 논두렁을 태우는 냇내가 들판으로 퍼져나간다. 하늘로 치솟아 저녁노을에 섞여 든 모습이 몽환적이다. 매캐한 연기를 마시며 폐교된 교문 앞에서 걸음을 멈추었다. 학교 이름이 새겨진 현판은 사라지고 움푹한 흔적만 남아 있다. 색종이 한 장으로 무엇이든 다 접을 수 있다며 환호하던 그 모습이 아직도 잊히지 않는다. 환한 웃음으로 나를 반겨주던 아이들 모습이 하나둘 영상처럼 흘러나온다.

애들아, 잘 지내니?

걸어 다니는 자

맹랑하다. 녀석이 기어이 나를 정복하고 말겠다는 듯 뚫어져라 쳐다본다. 나도 질세라 두 눈을 부릅뜨고 가시광선을 뿜어냈다. 누구든 먼저 눈을 깜박이면 지는 것이라고 약속이라도 한 듯, 불꽃 튀는 고요가 팽팽하게 흐른다.

함박눈이 내리던 날, 녀석이 우리 집에 왔다. 아들이 영하의 날씨에도 불구하고 타 도시까지 가 데려와서는 차마 말을 꺼내지 못하고 있었다. 싫다고 딱 잘라 말한 터였다. 냄새에 민감하여 생각만으로도 속이 메슥거렸다. 배설물이며 털이 빠져 집 안으로 날아다니는 상상조차 하기 싫었다. 막상 눈앞에서 녀석과 마주하니 난감했다. 눈발이 창으로 날아와 이내 미끄러지듯 녹아내리는 것을 보았으리라. 누구든 자신을 뜨겁게 받아줄 수 있다면 목숨도 아끼지 않겠다고 생각하며 기대 반 설렘 반으로 왔을 테다. 야박하게 내칠 수 없어서 며칠간 말미를 주었다.

나와 둘이 있을 때는 녀석을 아들 방에 가둬 두었다. 혼자 뭘 하나 궁금해서 문을 빼꼼 열어보면 어느새 틈새를 비집고 후다닥 거실로 뛰쳐나왔다. 자그마한 앞발로 내 분홍색 양말을 톡톡 치며 눈치를 살폈다. 소파까지 올라와 곁에 슬쩍 앉으며 무슨 책을 보느냐며 갸웃거렸다. 까막눈으로 검은 활자라도 읽는 것인지 책 속에 시선을 던진 품새가 가관이다. 그럴싸한 풍경에 찬물을 끼얹듯 얼른 내려가라고 눈을 흡뜨자 삐친 아이처럼 멀찌감치 떨어져 앉는다. 냉랭한 기운이 맴돈다. 괜한 마음에 녀석을 곁눈질했다. 두 발로 얼굴을 감싼 채 가만히 엎드려 있다. 외면이란 누구에게든 쓸쓸함을 안겨주는 것이라는 듯 꼼짝하지 않는다. 해만 졸리는 눈으로 붉은 옷자락을 서서히 거둬들이며 서쪽 하늘을 향해 느릿느릿 움직이고 있다.

학교에 간 아들이 돌아왔다. 겨우 몇 시간도 지나지 않았건만 이리 풀쩍 저리 풀쩍거리며 좋아서 어쩔 줄 모른다. 두 녀석이 침대 위로 올라가 막 뒹굴며 난리를 피우는데, 내 손발은 오그라든다. 기겁하며 호통쳐 보지만 어느 바람이 부나, 한다. 저를 두고 또 밖으로 나갈까 봐 애절한 눈빛으로 아들의 꽁무니만 졸졸 따라다닌다. 마치 내 치맛자락을 붙잡고 잠시도 떨어지지 않으려던 어릴 적 아들 모습을 보는 것 같아 콧등이 시큰거린다.

미운 정도 정이라고 누가 말했을까. 어린 꽃나무를 섬뻑 잘라내야 할 시간이 왔다. 서로 좋아죽는 두 녀석을 억지로 떼어놓을 생각을 하니 착잡하다. 녀석을 떠나보내려니 시원함은커녕 미안함이 앞선다. 혹여 또다시 불상사라도 생기지는 않을까 걱정도 된다. 녀석을 데려갈 사람에게 무한정의 사랑으로 잘 키워주겠다는 다짐은 받았으나 모를 일이다. 눈곱만큼의 사랑도 주지 않았으면서 인제 와서 이 무슨 마음이냐고 자문해 본다. 경험하지 않으면 그 속을 다 헤아릴 수는 없다. 자식을 키우지 못해서 입양 보내야 하는 부모의 형언할 수 없는 심정이 이러고도 남았으리라.

언젠가 산책길에서 잃어버린 강아지를 찾는 전단지를 본 생각이 난다. 누구든 찾아주면 섭섭하지 않도록 사례하겠다는 큼직한 문구가 눈길을 끌었다. 귀하게 대접받은 표시가 나는 강아지 사진과 여권까지 실려 있었다. 하필이면 치매 노인을 찾는 전단지와 나란히 붙어 있었기에 그럴만한 이유가 있으려니 하면서도 씁쓸함을 떨칠 수 없었다. 그때는 선뜻 와닿지 않았던 그 무엇이 이제야 머리가 아닌 가슴으로 조금씩 밀려든다.

처음이자 마지막으로 몸을 낮추어 녀석을 품에 안아보았다. 그러고 보니 마키라는 예쁜 이름도 몇 번 불러보지 않았던 것 같다. 눈을 마주 보며 미안한 마음을 전하고 싶은데 목소리가 먼저 떨린다.

"마키야, 너도 알겠지만 살다 보면 가끔은 하고 싶지 않은 것도 해야 할 때가 있단다. 끝까지 키워주지 못하고 이렇게밖에 할 수 없어서 정말 미안해. 다시는 나 같은 사람 만나서 이 집 저 집 옮겨

다니지 말고 그 집에 가서 오래도록 잘 살아."

가만히 듣고 있던 녀석의 눈이 그렁그렁해졌다. 눈 가장자리의 하얀 털이 점점 갈색으로 변하는 것을 보니 녀석도 울고 있는 것 같다. 전들 한집에 오래 살고 싶지만 사람들이 자기들 마음대로 주고받으니 별수 있을까. 며칠 동안 데면데면했다. 떠나는 날이 되어서야 녀석이 예쁘게 보이는 건 무슨 마음일까. 말할 수 없는 무게가 가슴을 짓누른다. 돌아서면 잊어버릴지 모르면서도 영영 기억할 것처럼 눈에 꼭꼭 넣어둔다.

이별 앞에서는 늘 아쉬움이 남는가 보다. 싫다고 생각하면 제아무리 예쁜 꽃이라도 곱게 보이지 않는다. 녀석 앞에서 나는 걸어다니는 자였다. 녀석을 따라다니며 촘촘한 자를 들이댔다. 내 눈빛만 봐도 척 알아차리고는 하늘 끝까지 올라갈 수도 있다는 듯이 몸을 한껏 끌어올렸다가, 속없이 납작 엎드리며 눈치를 살폈다. 한걸음 물러나서 들여다보면 우리 모습도 저러지 않을까 싶어서 어깨가 슬며시 내려앉았다.

사람과 사람 사이에도 우위가 있는지 의미 없는 것에 힘을 행사하며 날아다니는 자도 더러 존재한다. 남들이 봐서는 오리 홰 탄 것 같은데도 그들은 자기들만의 특권이라 여기며 화려한 수식어를 마구 흔들어 댄다. 반면에 누군가는 바닥으로 떨어진 그 그릇된 욕망의 말들을 주워 담기 위해서 기어다닐 수밖에 없다. 허리를 펴고 걸을 줄 몰라서가 아니다. 무릎을 구부리고 자벌레처럼 묵묵히 응대함은 사랑하는 사람과 함께 따뜻한 밥그릇 위에 손을 올려놓기 위해서일 것이다.

베토벤은 자신을 하인 다루듯 협박하는 리히노프 스키 공작에게 '당신의 지위는 태생이라는 우연에 의해 이루어진 것이지만 나의 지위는 나 자신이 만든 것'이라며 당당하게 말했나. 공작은 얼마든지 있겠지만 베토벤은 오직 자기 한 사람뿐이라던 그의 말을 빌리자면, 녀석에게 나는 얼마든지 바뀔 수 있는 주인이었다. 못난 알력 대신 잠시 집 안으로 들어온 낯선 풍경을 따뜻하게 보듬어 주었더라면 지금 내 가슴에는 작은 꽃씨 하나 심어져 꽃 피울 날을 기다리고 있을지도 모른다.

벚꽃이 확 피었다가 한꺼번에 지듯이 실없이 오기를 부리고 매정하게 굴었던 일들이 순간처럼 지나갔다. 혹여 나의 큰 목소리가 녀석에게 상처를 주지 않았을까. 적대감만 더 키워버린 것은 아닐까. 떠나기 싫어서도, 헤어지기 섭섭해서도 아니었으리라. 녀석을 바라보던 순간 울컥, 하고 내게 건너온 그것은 무엇이었을까.

봄은 영원하지 않다. 몇 걸음 걸으면 가을이 오고 또 몇 걸음 더 걸으면 겨울도 온다.

꾸중새의 하모니

적막강산이던 집에 모처럼 사람 사는 훈기가 돈다. 어머니와 함께 사는 고요와 쓸쓸이의 얼굴도 발그스레하다. 허허롭던 가마솥도 돼지고기 한 덩어리를 품에 안고서 뜨끈한 아랫목에 누워 이리저리 몸을 뒤척인다.

김장하는 날이면 이른 아침부터 빨간 고무장갑을 든 동네 그니들이 하나둘 대문 안으로 모여들었다. 마당 한구석에 있는 가마솥에 불이 지펴지고 까치도 감나무로 날아와 공지를 까불거렸다. 잔칫집처럼 북적대는 그 풍경이 좋아서 들뜬 마음을 감출 수 없었다. 새댁이라고 불리는 나였지만 설빔을 입은 아이처럼 마당을 껑충껑충 뛰어다녔다. 몇 년 전까지만 해도 어깨가 부딪칠 정도로 복닥복닥했으나 해가 갈수록 자리 품이 넓어진다. 올해는 또 어느 분이 오시지 않을까 궁금하여 대문 밖을 서성거리게 된다.

시집와서 처음으로 김장하던 날이었다. 그니들은 마루에 둘레둘레 앉아 절임 배추에 양념을 척척 바르며 누구네 김치통에 먼저 담을 것인지를 두고 생각이 나뉘었다. 아들네 것이 먼저라는 사람과 아들딸 구분이 어디 있느냐는 사람 사이에 괜한 실랑이가 벌어졌다. 별일 아닌 게 금세 별일이 되어버렸다. 자기 시대 밖으로 나가본 적 없어 아직도 남아선호 사상을 내세우는 이들과 시대에 발맞추어 걸어가려는 이들 사이의 분위기는 양념보다 더 벌겋게 달아올랐다. 새댁인 나는 전자 쪽으로 몸을 기울이며 입꼬리를 올렸다가, 딸 입장이기도 하여 후자 쪽에도 한쪽 발을 슬쩍 걸쳐두었다.

고추 당초보다 맵다던 그들의 시집살이 이야기에 귀가 쏠린다. 갓 시집온 풋내기는 말만 들어도 가슴이 홧홧하다. 어둑새벽부터 방아 찧고 밤늦도록 길쌈을 해도 사사건건 지청구를 날리던 시어머니 꾸중새가 진저리난다며 머리를 흔든다. 허리 한번 펼 날 없어도 우는새인 자식 달래느라 등에서 내려놓지 못했다며 눈시울이 붉어진다. 아무것도 아닌 일에도 걸핏하면 삐치던 시누이 뾰족새, 손끝 하나 까닥 안 하면서도 요리조리 눈치만 살피다가 냅다 고자질만 하던 얄미운 동서 할림새도 어느덧 생의 종점을 향해 달려가고 있다며 허무하다는 표정을 내비친다. 눈치 없는 남편 미련새는 겨우 살만하여 고기 밥상 차려놨더니 하늘에서 부른다며 뒤돌아보지 않고 호르르 날아가 버렸다고 아쉬움을 토로한다. 막막하던 숲속에서 이래저래 애간장만 태우던, 본인만 썩는새였다며 그들이

회한에 젖는다.

시어머니는 왜 며느리를 미워했을까. 같은 여자이기에 누구보다 더 이해할 수 있을 것 같은데 왜 독하게 대했을까. 자녀가 결혼할 때 아들 가진 엄마가 푸른색 저고리를 입은 것은 하늘 같은 마음으로 며느리를 품어주겠다는 뜻은 아니었을까. 잘못하는 일이 있더라도 바다 같은 아량으로 품어주겠다는 뜻은 아니었을까. 당시 시어머니들이 할 수 있는 것은 집안일뿐이었기에 만만한 며느리가 어머니만이 호령할 수 있는 무대였을까. 요즘 같으면 상상도 못 할 이야기들이다.

시집온 지 서른 해를 넘기고 보니 세월은 어머니 자리에 나를 앉힌다. 김장 때마다 허드렛일과 점심 준비만 하다가 올해 처음으로 한 자리를 차지하고 앉았다. 고작 김치 한 통 담았을 뿐인데 허리며 다리가 끊어질 듯 아프다. 몇 시간도 참지 못하는 나와 달리 그들은 김장이 끝날 때까지 자세 한 번 고치지 않는다. 고된 시집살이를 해왔기에 이 정도는 아무것도 아니라는 말에 고개가 숙어진다.

김장을 마치고 커피믹스를 한 잔씩 들고 앉았다. 꾸중새의 하모니로 버무려지는 품앗이 풍경을 앞으로 몇 번이나 더 마주할 수 있을까. 그들의 얼굴을 가만히 올려다본다. 자식들이 아무리 속을 썩여도 내색 없이 묵묵히 지지해 주고 기다려 주던 그들이다. 가지런한 틀니 사이로 웃음꽃이 번져 나오니 갈매기 눈썹이 이마까지 오르내린다. 머잖아 그들이 떠나고 나면 정겨운 이 풍경을 어디서 볼 수 있을까. 그들의 옛이야기를 신물 나게 들으며 오래도록 새댁이라고 불리고 싶다면 지나친 욕심일까.

시골 동네가 조용해지고 있다. 부채질할 사람이 있어야 여름도 제맛이 날 텐데, 그들이 하나둘 집을 비우고 있어서 매미가 밤낮으로 울음을 토하는 삼복더위도 무색해진다. 전동차 삼인방이 코스모스가 피어있는 도로를 달리던 풍경이 아직도 잊히지 않는다. 소실점 밖으로 사라질 때까지 응시하고 있으면 입가에 미소가 떠오르면서도 가슴 한편이 저릿하여 발이 얼어붙었다. 누군가는 잃어버린 기억을 데리고 요양원으로 들어가고, 누군가는 몸은 벗어 땅에 묻어두고 영혼만 데리고 먼 곳으로 떠나버렸다. 어머니 혼자 전동차를 타고 마을회관으로 깨밭으로 외롭게 오르내린다.

어머니는 그 쓸쓸함을 꽃과 나누며 살고 있다. 어제 다르고 오늘 다른 게 저 쪼그만 입으로 웃는 모습이 얼마나 예쁜지 아냐며 눈만 뜨면 달려간다. 그 맛으로 자식 키운다며 재미에 푹 빠졌다. 주인도 없는 옆집으로 붉은 덩굴장미를 슬쩍 담치기시키는가 하면 찾아올 사람도 드문데 봉숭아꽃을 울 밑에 보초 세운다. 누구를 기다리는지 노란 국화로 잔잔한 꽃등을 만들어 골목에 걸어둔다. 계절마다 어머니의 골목에는 꽃빛이 스며들어 환한 풍경이 흐른다. 올 때마다 그 뜨거움에 가슴이 데워져 돌아가는 사람도 있다.

김장을 끝냈으니 오늘 밤에는 함박눈이 덜퍽지게 내릴지도 모르겠다. 밤새 소리 없이 다녀가고 나면 좁은 골목에는 숫눈길이 만들어질 테다. 어머니는 다시 고요와 쓸쓸이를 품에 안고 시리도록 하얀 겨울빛으로 머무르며 봄이 오기를 기다릴 것이다.

상처받은 아이

똘망똘망한 눈들이 나를 쳐다본다. 눈빛에 서린 기대감이 슬며시 긴장감을 불러들인다. 나의 말 한마디가 아이들에게 어떤 영향을 미칠지 잘 알기 때문이다. 말은 엄청난 힘을 발휘하여 누군가의 생이 달라지기도 한다지 않던가.

여고 시절 한국사 시간이었다. 선생님은 무슨 말끝에 '역사는 변한다'라는 말에 힘을 주었다. 어느 시대 어느 사건을 배우던 중이었는지는 정확하지 않다. 어렴풋한 기억으로는 굴곡이 많았던 근현대사 부분이었던 것 같다. 평소에 말이 없던 내가 어떻게 역사가 변할 수 있냐고 용감하게 손을 번쩍 들어 반박했다. 친구들은 물론 나로서도 놀라운 일이었다.

선생님 말씀에 수긍하지 않는다는 이유로 수업 시간 내내 교실 밖에 나가 있었다. 왜 변하는지에 대해서 분명하게 설명해 주지 않았기에 받아들일 수 없었는지, 내가 이해력이 부족해서 제대로 알아듣지 못했는지는 알 수 없다. 교실 밖으로 내쳐져 혼자 어두컴컴한 복도 한구석에 머물러 있을 때도 머릿속에는 하나의 단어만 도돌이표처럼 계속 되풀이되고 있었다.

수업 마침 종이 울렸다. 선생님은 나 보고 교무실로 따라오라더니 엄마를 학교로 불러야겠다는 말을 슬쩍 흘렸다. 뒤따라가는 내게 들릴 만큼의 목소리는 그만 받아들이라는 뜻 같았다. 그게 무슨 잘못이라고 엄마까지 고개 숙여야 하는지 참을 수 없었다. 백기를 들고 말았지만 그건 진심이 아니었다. 선생님은 기다렸다는 듯 그 말이 떨어지기 무섭게 교실로 돌아가도 좋다는 말과 함께 나를 힐끗 쳐다보고선 교무실로 사라져 버렸다. 그 눈빛이 어떤 의미였는지 모른다. '변한다'라는 단어가 머릿속의 지배자로 남아 괴로웠다.

주입식 방식에 치우치던 시대였다. 시험만 잘 보려고 사건이 일어난 원인과 결과만 달달 외웠다. 토론은커녕 누구도 질문 한번 하지 않았다. 칠판에 적어놓은 내용을 노트에 옮겨 적기 급급한 나머지 열린 가능성을 떠올릴 생각은 못 했다. 선생님과 데면데면하면서도 억울한 마음이 앙금으로 가라앉았다.

변한다는 말의 이면에는 무한한 긍정의 힘이 숨겨져 있다. 그 시절의 나는 하나의 사건을 염두에 두고 변하지 않는다고 했을 뿐이고 선생님은 전체 흐름을 두고 말씀하셨을 테다. 그때 여러 관점으로 보면 다르게 해석될 수 있다고 말씀하셨더라면 내 생각도 달라졌을까. 가능성을 열고 보니 야속했던 마음이 사라지고 사고의 폭이 좁았던 부끄러운 자신이 거기 서 있다. 아이들과 함께 역사를 공부할 수 있었기에 수십 년 전에 던진 질문의 대답을 스스로 찾을 기회가 생겼다. 돌이켜 세울 수 없는 시간은 흐름 속으로 사라져 버렸다. 그때 그 선생님은 잘 계실까. 한번 뵙고 싶다.

역사는 여러 가지 요인과 맞물렸을 때 폭발적인 확산으로 이어진다. 시간을 거슬러 올라가서 노비 문서를 불태우며 평등한 세상을 꿈꾸던 만적의 난, 농민들이 누구나 평등한 세상이 되기를 바라며 들고 일어났던 동학농민운동, 삼일천하로 끝나버렸지만, 갑신정변의 개화파들이 시대를 앞서갔던 노력 덕분에 지금 우리는 평등한 세상에 살고 있을 것이다. 세상을 바꾸려던 그들이 변화를 시도하지 않았다면 지금 우리는 어떤 세상에 살고 있을지 생각만 해도 끔찍하다.

세월이 흘러 공교롭게도 역사논술을 가르치다 보니 그때 일이 떠올라 부담감이 묵지하게 자신을 누른다. 역사는 과거의 사람들과 끊임없이 대화를 나누는 일이다. 우리나라는 겨울이 끝나도 봄이 쉽사리 오지 않았다. 그 과정에서 숱한 희생을 치르고야 지금 우리가 누리고 있는 봄을 맞이할 수 있었다.

'어떤 사람은 눈앞의 보자기만 한 시간이 현재이지만 어떤 사람에게는 조선시대에 노비들이 당했던 고통도 현재'라던 매천 선생의 말을 기억하고 있다. 역사와 세계와 아이들을 연결하는 고리가 끊이지 않도록 노력하는 일이 내 몫인 듯하다. 이십여 년 가까이하는 동안 아이들의 소중한 생각을 귀담아듣지 못하고 놓친 적은 없는지, 배려하지 못한 말 한마디에 상처받은 아이는 없는지 자신을 돌아보며 아이들과 눈 맞춤 중이다.

가자미로 누워서

올여름은 지독하게 무더웠다. 어머니의 병시중을 드느라 병원에서 살다시피 하다 보니 덕분에 시원하게 지낼 수 있었다. '바닥에 바짝 엎드린 가재미처럼' 누워있는 그들을 보면 가슴이 서늘해지고 추워마저 느껴졌다. 파리한 낯빛이 고요에 휩싸여 있어서 무더위보다 더 숨이 막혔다. 정적을 깨트리고 병실이 파도에 휩싸였던 그날을 잊을 수 없다.

병실 입구에 누워있는 그녀는 치매 환자였다. 간병인이 있어도 늙은 남편이 매일 찾아와서 바나나 껍질을 벗겨주고 요플레를 떠 먹여주며 정성을 들였다. 아이를 대하듯 입을 닦아주며 볼을 쓰다듬었다. 일흔이 넘은 나이에도 귀에다 대고 사랑해, 사랑한다고, 알아들었으면 무슨 말이든 좀 해보라며 대답을 채근하며 기다렸다. 그녀 얼굴로 파고드는 애타는 눈빛에 해일이 덮쳐오지 않을까 조마조마했다. 두 손으로 얼굴을 감싸 쥐며 쳐다보는데도 그녀의 시선은 다른 곳으로 달아나 버린다.

창문을 열고 나가서 붉은 꽃가지를 어루만지고 있을까. 바람의 등을 타고 어디론가 떠나고 싶은 걸까. 힘없는 눈빛으로 멀뚱멀뚱 사방을 살핀다. 그녀의 마음은 이미 먼 곳으로 나가 버리고 없다는 걸 알면서도 가슴에 손을 얹고 여기에 누가 있느냐고 늙은 남편은 어제도 묻더니 오늘도 묻는다. 얼른 일어나서 꽃구경, 단풍 구경을 가자고 두 손을 꼭 끌어 쥔다. 순해서 하자는 대로 따라오던 젊은 날의 모습을 기대하기는 어렵다. 어깨를 만지고 헝클어진 머리를 매만지는 주름진 손은 그 시절보다 더 다정스럽다. 저런 게 진짜 사랑일까, 안타까움일까, 미안함일까, 생의 줄기가 희미하다가도 또 어떤 날은 선명할 만큼 두드러졌다.

그녀의 상태는 날로 더 심해졌다. 자식들이 그녀를 전문 요양병원으로 모셔가던 날이었다. 늙은 남편은 '좌우를 흔들며 헤엄쳐 가' 어린아이처럼 버티며 신을 신지 않겠다던 '그녀의 물속에 나란히' 누워 어느 때보다 더 다정한 목소리로 다가간다. "어여 신어봐. 지금 아니면 이 신발을 언제 또 신어 보겠나." 손톱만 한 꽃송이가 송송 달린 납작한 구두를 신기는 손이 떨린다. 그녀의 자그마한 발을 부여잡고 얼굴을 묻은 채 형언할 수 없는 감정을 삼키며 한참을 그러고 있었다.

그때 그녀가 먼 곳으로 나가 있는 시선을 안으로 끌고 들어와 늙은 남편의 굽은 등을 손바닥으로 '가만히 적셔'주었다. 그가 병실

바닥에 주저앉아 울컥울컥 무언의 말들을 쏟아냈다. 창밖에 서 있는 배롱나무에서도 붉은 꽃이 뚝, 뚝 떨어져 내렸다. 그녀는 애간장이 녹아있는 뜨거운 눈물을 차마 밟지 못했을까. 한 걸음도 내딛지 못하고 휠체어에 몸을 맡긴 채 병실을 나갔다.

그녀를 볼 때마다 이 년 동안 가자미로 살다가 돌아가신 엄마 생각이 났다. 엄마에게 맛있는 반찬 한번 해다 주지 못한 것이 마음에 걸렸다. 평소에 무슨 반찬을 좋아하셨는지도 모른다. 속상해서 넋두리를 늘어놓을 때도 엄마 편 한번 들어주지 않았다. 그것도 모르냐며 핀잔만 주고, 편하다고 거름망도 없이 말도 함부로 내뱉었다. 엄마도 충분히 상처받을 수 있다는 사실을 깨달은 것은 내가 엄마가 되고 난 후였다.

친정엄마 같아서 살갑게 말 걸어 보고 웃어 봐도 관심 밖이었다. 나의 시선은 아랑곳하지 않고 이불 귀퉁이를 만지다가 단추를 잡아당기다가 심지어는 링거 바늘까지 뽑아대며 악다구니 해댔다. 점점 거칠어지는 행동이 날마다의 시간을 죽여댔다. 그녀의 손발이 침대에 묶여버렸다. 끈을 풀려고 발버둥을 치며 포효하던 모습 위로 또다시 엄마의 얼굴이 포개졌다.

우리도 한때 엄마의 손을 묶어놓고 불안 속에서 나날을 보내던 때가 있었다. 그때 헤아리지 못했던 감정이 올라와서 먹먹했다. 그저 조용하고 온순하게 침상에 가만히 누워있어야만 마음을 놓았다. 한 번이라도 그 심정을 헤아려 보려고 애쓰지 않았다.

밀썰물의 교차는 쉼 없이 반복된다. 썰물이 진 자리에 밀물이 들어와 누군가 또 가자미로 납작하게 드러눕는다. 성이 나서 하얀 이빨을 드러내던 바다는 다시 고요해졌다. 언젠가 그녀도 '죽음 밖의 세상을 볼 수' 없는 날이 올 것이다. 어디선가 그 캄캄함에 갇혀 바다로, 바다로 자유롭게 헤엄쳐 나갈 날을 기다릴지도 모른다.

* 작은따옴표 부분은 문태준의 시 〈가재미〉에서 인용

부끄러운 마음으로

가끔 특별한 방송에서는 수어 통역사가 나온다. 화면 오른쪽 아래 조그만 동그라미 안에 들어가 있다. '코로나19'에 대해 브리핑 중이다. 그 옆에서 마스크도 하지 않은 채 수어로 전달하고 있는 모습을 본다. 질병관리본부 관계자도 마스크를 끼고 방송하는데 수어 통역사는 무방비 상태다. 수어는 손짓뿐만 아니라 입 모양과 표정도 언어이기에 마스크를 할 수 없다는 이유다.

장벽 없는 예술인 베리어프리 영화가 성행하고 있다. 베리어프리는 사회적 약자를 위해 장벽을 허물자는 운동이다. 유엔 장애인 생활환경 전문가 협회에서 장벽이 없는 건축 설계라는 보고서가 알려지면서 전 세계로 확산하였다. 기존 영화 화면을 음성으로 해설해 주고 대사와 음악, 소리를 자막으로 넣어 모든 사람이 함께 볼 수 있게 만든 영화다.

<반짝이는 박수 소리>는 농아 부부의 다큐멘터리다. 부부는

노래방도 가고 음식을 먹으며 맛 평가도 재미있게 표현한다. 그늘이 없고 밝고 유쾌하다. 평범한 사람들과 다를 바 없는 삶이다. 이 부부의 딸이 영화감독을 맡았는데 엄마 아빠와 세상 사람들의 경계를 오고 가며 배운 것이 '반짝이는 박수 소리'라고 한다. 청인은 손바닥을 마주치며 소리를 내지만 농인은 들을 수 없어서 손을 흔들며 박수 소리를 낸다. 반짝이는 박수 소리는 표현 방법의 차이일 뿐, 다르지 않다는 걸 보여준다.

영화 초대권이 생겼다. 장애인협회와 농아인협회는 한 달에 한 번씩 좋은 영화를 선정하여 베리어프리로 다시 제작한다. 우연하게도 장애인들과 함께 그 영화를 같이 보게 될 기회가 주어졌다.

영화 〈암살〉은 1932년 임시정부에서 실제로 실행한 조선 총독 암살 작전을 모티브로 제작한 이야기다. 영화가 시작되고 배우들이 등장하면 자막이 나온다. 그들의 행동과 대사도 설명하고 보여준다. 밀정과 암살단이 부딪히는 장면에서는 긴장된 분위기의 음악이라는 글자가 화면에 나온다. 배우가 총을 쏘면 총소리라는 자막이 뜨면서 화면 해설을 해준다. 모두 그 시대로 올라가 독립운동가라도 된 듯 긴장감이 팽팽하게 흐른다.

영화가 어느 정도 진행되었을 때쯤 몰입하던 분위기가 조금씩 흩어지기 시작했다. 그들은 조용하면서도 부산한 소리를 냈다. 화면 속 소리보다 그들 소리에 더 신경이 쓰였다. 영화 볼 때 곁에서 무슨 소리가 나면 예민해지는 편이라서 급기야 방해받는 느낌마저

들었다. 장애인이 영화 관람을 하는데 내가 초대된 것을 깜박 잊었다. 그들에게 나는 같이 영화를 보고 있는 사람에 불과할 뿐이다. 귀로 들을 수 있는 소리를 눈으로도 볼 수 있으니 함께 해보라는 것인데 끝까지 앉아 있지 못했다. 익숙하던 영화 감상과는 달라 새로웠지만 이미 봤던 영화라서 그런지 이야기의 흐름에 긴장감도 떨어졌다. 함께 온 자원봉사자가 일반인들이 같이 영화를 봐주는 것만으로도 봉사라던 그 말을 그제야 알아들었다. 공감하고 느껴 보고 소통해 보라는 의미였다.

영국 버밍엄대학 교수이자 시각 장애인 존 헐은《손끝으로 느끼는 세상》에서 장애인을 삼인칭으로 보는 것은 무시하는 행동이라고 지적한다. 그 순간 자신의 존재가 완전히 사라져 버린 느낌을 받았다며 참담했던 마음을 감추지 못한다. 어느 시각 장애인이 결혼식장에서 종소리를 들으며 눈으로 볼 수 없는 것을 투시하고 있을 때 누군가 다가가서 보이지 않으니 얼마나 딱하냐며 찬물을 끼얹었다는 이야기를 읽은 적 있다. 서로 다른 방법으로 보고 느낀다는 것을 인지하지 못해서 벌어진 일이다. 나라면 어떤 감정이 일었을까. 눈을 감고 하얗게 부서지는 종소리를 같이 들어보았을까.

살다 보면 타인과 내 생각이 다르다는 점을 인정하지 못할 때가 있다. 간과해 버린 것을 들여다보기 위해서 자리를 바꿔 앉아본다. 사랑하는 사람의 목소리를 들으면서 기쁘고 슬프고 아픈 감정을 느낄 수 있다는 건 복 받은 일이다. 세상에 당연한 것은 없다. 소음으로 들리던 소리마저 행복한 마음으로 담을 수 있는 날이 언제쯤 올까. 소통에 실패한 나는 그들 곁에 앉아 부끄러운 마음으로 다시 세상을 배우고 있다.

행복이라고
말해도 될까

원아 모집 현수막이 붙었다. 바람에 펄럭이는 것을 보며 한때 유치원에서 치맛바람이 일어났던 기억이 난다. 요즘은 어떤지 모르겠으나 그때는 유명세를 치르는 유치원에 아이를 보내려고 식구들이 교대로 줄을 서가며 밤을 새웠다. 서로에게 한 치의 틈도 내줄 수 없다는 듯 부모들의 교육열이 불꽃 튀는 순간이었다. 그런 것에 무삼각하여 한나절이나 되어서 가보니 이미 마감이 되어버렸다. 할 수 없이 원아 미달인 신설 유치원을 찾아서 원서를 넣고 터덜거리며 집으로 돌아왔다. 어딜 가든 제 하기 나름이지만 극성스럽다는 생각을 떨쳐버릴 수 없었다. 그럼에도 혹여 내 아이만 뒤처지지 않을까 하여 마음 한편에는 그 대열의 끄트머리라도 서 보려던 순간도 있었다.

우리 세대는 복이 많아서 자식도 보살피고 부모도 봉양하고 있다. 뜬눈으로 밤을 지새우던 날도 무색한가 싶더니 다시 눈치작전을 펼쳐야 할 때가 도래했다. 부모를 요양 시설에 보내기 위해서 등급을 받으려 이리저리 애쓰는 모습을 주위에서 본다. 나라에 주는 혜택을 받으려면 등급은 필수조건이기 때문이다.

기관에서 관계자가 나오면 부모는 불편한 몸을 일으켜 세워 기어코 주방으로 가서 음료수라도 가져온다. 집에 손님이 왔으면 대접은 당연하다는 듯 커피도 끓여 낸다. 그 사람들이 물 한 잔 달라고 하는 말은 시험하기 위한 것이니 절대 일어서지 말라고 신신당부해도 허사다. 혼자 거동하기 힘들다고 미리 말해놓았는데, 등급받기는 이미 글렀다. 평소에는 거동도 잘 못하던 분이 벌떡 일어나 손님 대접까지 하고 나서니 관계자인 그들은 아직 건강하다고 판단을 내려버린다. 밤새 끙끙 앓는 날이 하루 이틀도 아니면서 자식들이 누누이 말을 해봐도 소용없다. 모순적인 일은 그 외에도 많이 일어난다.

아이의 미래를 위해 줄 설 때와 부모의 내일을 위해 줄 설 때의 마음은 같으면서도 다르다. 전자는 나보다 더 이끌어 줄 수 있는 곳을 선택하고 후자는 즐겁고 편안하게 모셔주기를 바라는 마음이다. 희망으로 보내고 미안함으로 돌아선다. 요양 시설에서 생기는 불미스러운 일들이 뉴스에 오르내리는 것을 보면 억장이 무너진다. 저마다의 사연이 있는 자식들도 그 순간만은 편하지 않다. 시간이 흐르면 무뎌지고 마는 것도 현실이다.

요양 시설에서는 자식이 자주 찾아오는 것이 효도란다. 부모를 맡겨두고 일 년 가야 한 번도 찾아오지 않는 사람들이 태반이라며 관계자는 마음을 비운 듯이 말한다. 혼자 몸을 가누지 못하는 사람들은 간병인의 신세를 질 수밖에 없다. 자유롭게 오갈 수 있는 사람들은 주어진 프로그램에 따라 하루를 보낸다.

화분에 꽃을 심고 정성 들여 물을 주며 남은 생을 가꾼다. 색종이를 찢어서 모자이크로 세상을 만들고 구석구석 돌아본다. 손뼉을 치고 노래를 부르며 마음에 즐거움도 안겨준다. 어둔한 손놀림으로 '사랑한다, 보고 싶다.'라며 자식들에게 마음 깊이 묻어두었던 속마음을 슬쩍 적어놓고 부끄러운 듯 손으로 가린다.

아이들이 유치원에서 고사리손으로 써온 '엄마 아빠, 사랑해요.'라는 손 편지에 눈시울이 뜨거웠던 때와는 다르게 쓸쓸함이 차오른다. 어느 때보다 진심을 담아 눌러쓴 삐뚤빼뚤한 글씨가 가슴 한복판에 와서 박힌다. 말 안 해도 알겠거니 하며 자식들은 해주지 않던 그 말이나. 다른 사람한테는 잘도 하면서 애지중지 키워준 부모에게는 왜 표현하지 못했을까.

이유 없는 핑계도 없지만, 우리는 없는 핑계도 만들며 살아가고 있다. 가장 합리적이라는 점을 내세우며 모시지도 못하고 시설에 보내는 자식이 뭐가 그리도 좋을까. 이제나저제나 하염없이 기다려 놓고도 안 그런 척이다. 반가워서 입이 자꾸 벌어지는 것을 꾹 누르고선 바쁜데 뭣 하러 왔냐니, 무심한 듯 흘리는 그 말이 더 애잔하다. 안 괜찮으면서도 괜찮다는 말이 목에 걸려 울컥울

컥한다.

뒤돌아서도 감출 수 없는 이 눈물을 행복이라고 말해도 될까.

짧은 이야기

고향으로 돌아간 늙은 코끼리

어느 사육사가 곡예단에서 재주를 부리는 늙은 코끼리 한 마리를 유심히 지켜보고 있다. 여태 할 만큼 했으니 그만 나를 놓아주면 안 되겠냐는 눈빛으로 느릿느릿 움직이는 모습이 힘겹다. 언제 주저앉을지 몰라 자꾸 눈에 밟힌다. 남은 생이라도 시름없이 편안하게 살기를 바라며 그의 고향으로 데려다주겠다고 마음먹는다. 그곳까지 가는 것도 문제다. 워낙 거리가 멀어서 혹여 가는 길에 무슨 일이라도 생기면 큰일이다.

코끼리를 큰 트럭에 실었다. 불볕더위를 뚫고 나가기 위해서 젖은 이불을 등에 얹고 달리는 내내 물을 뿌려주었다. 더위를 먹을까 노심초사하며 코끼리에게 조금만 더 견뎌달라고 눈물로 달래며 어루만졌다. 촌각을 다투는 그녀의 눈빛은 간절하다 못해 까맣게 타들어 갔다. 늙은 코끼리는 거의 감기다시피한 눈꺼풀을 들어 세상을 보면서도 그녀의 목소리를 놓치지 않으려 안간힘을 썼다. 그녀가 아니었더라면 여기까지 오지도 못했을 테니까 어떡하든 버티려고 그녀의 손길에 몸을 맡겼다.

숨 막히는 시간을 지나 꿈에도 그리던 고향으로 돌아왔다. 땀범벅이 된 그녀는 잘 참아줘서 고맙다며 늙은 코끼리를 끌어안고 참았던 눈물을 펑펑 쏟아냈다. 늙은 코끼리가 육중한 무게를 천천히 숲으로 옮기며 코를 젖히고선 우렁찬 목소리를 뿜어낸다. 늘그막에 고향 어귀로 들어서니 만감이 교차하는지 목소리에도 힘이 들었다. 고향에 오면 저절로 힘이 생기는 모양이다. 늙은 코끼리가 무리가 사는 숲으로 걸어가다가 뒤돌아서서 나를 위해 흘린 눈물 잊지 않겠다는 눈빛으로 그녀를 한참 바라보았다. '인간에게 받은 고통의 시간을 인간으로부터 위로받았네요. 당신은 두렵지 않았어요, 도구가 없으니까요.'라고 말하는 듯 허공으로 코를 크게 내저으며 숲이 떠나갈 듯 울었다.

마지막 당부

차(cha) 마을에 사는 아이들이 학교로 간다. 목숨을 걸어야 할 정도로 세상에서 가장 험난 길을 넘어가야 도시에 있는 학교에 닿는다. 가난을 대물림하고 싶지 않은 부모는 자식을 위해서라면 무엇이든 아깝지 않다. 열흘 동안 얼음길을 걸으면서 십 년, 이십 년, 삼십 년 후 아이의 미래만 생각한다. 뼛속까지 파고드는 얼음물을 건널 때는 자칫하다가 물살에 휩쓸려 떠내려갈 수 있어서 긴장을 늦출 수 없다. 지난해 한 사람이 변을 당하는 걸 눈앞에서 보았기 때문이다. 사투를 벌일 만큼 위험한 길이지만 아이들이 학교로 가는 길이라 마음은 따뜻하다는 아버지의 눈에 설핏 눈물이 비친다.

고희를 넘긴 촌로도 아비 없는 손자를 등에 입고 학교 가는 길에 나섰다. 바지를 허벅지까지 걷어 올리고선 손자를 업고, 짐을 나르며 살이 떨어져 나갈 것 같은 얼음 강을 건넜다. 앞으로 몇 번이나 더 따라나설 수 있을지 모른다며 얼굴에 진 주름을 폈다가 접었다. 발이 미끄러지기라도 하면 순식간에 낭떠러지로 굴러떨어지고 말 자드락길에서도 촌로의 걸음은 안정적이다. 손에 땀을 쥐게 하는 촌로의 호흡도 그 길에서는 걸음이다. 오랜 경험에서 나온 걸음걸이였다. 의사가 되고 엔지니어가 되고 싶은 아이들의 미래를 위해서 혹독한 추위도 마다하지 않고 먼 길을 걸어왔다.

아이를 학교로 들여보내면서 마지막 당부를 잊지 않는 아버지의 목소리가 결연하다. 학교 오는 길이 얼마나 추웠니, 이 길을 어떻게 왔는지 생각하라며 추위에 얼고 볕에 타서 불그죽죽해진 얼굴 위로 눈물을 뚝뚝 떨군다. 아이들은 까맣게 닳은 소맷자락으로 눈물을 훔치며 희망을 안고 교문으로 들어간다. 아버지는 어린것을 떼놓고 돌아서는 발길이 무겁지만, 일 년 뒤에야 만날 수 있는 아들이 한 뼘 더 성장해 올 것으로 믿으며 발길을 옮긴다.

복 할머니의 거짓말

복 할머니는 시내로 나가는 첫 차를 타고 병원으로 향했다. 아들이 기침하는 것 같아서 약이라도 타다 줘야겠다는 생각이었다.

환자가 진료도 받지 않고 약 처방을 받을 수는 없다. 그걸 알면서도 팔순이 넘은 자신보다 아들이 더 건강해야지 싶어서 접수 번호표를 뽑고 차례를 기다렸다. 의사 앞에 나아가서 "선상님요, 며칠 전부터 기침이 자꾸 나네요. 약 좀 마이 주이소." 거짓말을 해서 그런가 말도 더듬거리고 목소리도 떨린다. 다행히 의사가 눈치채지 못한 것 같아 한시름 놓았다.

약국을 나서며 숨을 크게 들이쉬었다 내뱉었다. 이제 됐다 싶어 집으로 들어가는 버스를 기다렸다. 그래도 양심 고백은 해야겠기에 정류장 의자에 앉아 하늘을 우러러보았다. 자식을 위한 것이니 한 번만 눈감아 달라고, 눈을 끔뻑끔뻑하며 혼자 고개를 끄덕였다. 약을 받아왔으니 가져가라고 전화해 놓고 올 때까지 전화기를 손에서 놓지 못한다. 하나밖에 없는 아들을 어떻게 키웠는데 싶어 얼른 먹이려 애가 탄다. 아들이 알면 쓸데없이 왜 그런 일을 했냐고 타박할 게 눈에 그려진다. 누가 뭐라든 마음이 시키는 일이니 어쩔 수가 없다.

자식이 부모를 볼모로 잡은 것도 아닌데 왜 새벽같이 일어나 첫 차를 탔을까. 첫 차가 없었다면 복 할머니는 병원에 가지 않았을까. 그 성격에 차가 오지 않았으면 걸어서라도 다녀오실 분이다.

택시도 잘 오지 않는 시골 마을에서 오직 자식만 생각하며 숨찬 걸음으로 헐떡헐떡 걸어갔을 것이다. 길가에 벚꽃잎이 눈처럼 내리듯 당신의 날도 져내리고 있는 줄 모르고.

겨울 강가에서

겨울나기를 마친 산호수가 새순을 내밀었다. 겨우내 거실로 옮겨놔서 꽃을 피우기나 할까 염려스러웠다. 아침 햇살에 비치는 잎맥을 바라보며 가까이 다가앉았다. 맑은 연두 이파리에 그려진 무늬가 신비로워 뚫어지게 쳐다보는 중이다. 무심하게 볼 때는 그냥 연두였으나 빛이 투영되니 보송한 솜털까지 환하게 드러난다. 잎맥에 그어진 선들이 마치 인간의 감정선처럼 여겨진다.

누군가가 웃으며 던진 한 마디에 종일 끙끙대며 속을 앓았다. 아무리 그래도 앞뒤 생각하지 않고 덤비는 사람은 아니라고 스스로 생각해 온 터 였기에 언제 그렇게 느꼈는지 물어보려다 말았다. 우울한 마음을 데리고 밖으로 나왔다.

겨울 강가에서 아름드리나무 한 그루를 보았다. 지난 계절을 훌훌 털어버리고 몸체를 가감 없이 드러내고 있었다. 가벼워진 몸으로 물구나무서기라도 하는지 치솟은 앙상한 가지가 파란 하늘에 내린 뿌리 같다. 잎이 무성할 때는 몰랐다. 잔가지가 저토록 많아도 짓눌리거나 꺾어져 고통스러워하지 않는다. 서로 자리를 내어준 곳에 가지를 뻗어서일까. 잔가지가 감정선이라면 나무는 다정하고도 예민할 것 같다. 인간의 감정은 얽히고설킬 때가 많은데 겹치는 곳 하나 없다.

겨울나무를 통해 자신을 들여다본다. 말없이 우직하게 서 있는 모습에서 버릴 건 버리고 쓰다듬을 건 쓰다듬으며 자신을 사랑하라는 나무의 조언을 듣는다. 모든 상처가 진주가 되는 것이 아니듯, 타인의 말이라고 다 진실은 아니다. 웃으며 던진 한마디에 날 세우지 말고 그만 잊어버리는 게 몸에 이롭다.

손이 쩍쩍 달라붙을 만큼 매서운 날이다. 햇볕과 바람은 겨울나무 사이로 드나들고 강물은 유유히 흐르고 있다. 살을 파고드는 추위에도 새들은 날아와 먹잇감을 물어 나른다. 파릇한 봄과 풍성한 여름, 단단히 여문 가을을 다 내어준 몸인데도 겨울나무는 저토록 아름답다. 나도 저런 품을 가질 수 있을까.

물소리가 강 언저리로 모여든다. 어디서 떠내려온 것 같은 벌집 모양의 철사를 둘러싸고 고드름이 주렁주렁 매달려 있다. 그들과 무슨 말을 주고받는지 찰랑찰랑 속삭인다. 투명하게 움직이는 소리가 귀를 간지럽힌다. 그 말을 엿들어 보려고 귀를 바짝 세우고 물가로 다가선다.

마음에 기운을 불어넣고자 오후 햇살 아래로 동심을 불러 모았다. 돌멩이를 주워 얼음 위로 던졌더니 빙그르르 돌면서 가뭇없이 멀어져간다. 얼음이 녹은 강물 위로 물수제비를 뜬다. 갈대가 비비적대며 바람에 서걱거린다. 다리 위로 지나가는 자동차 소리가 강물 위로 떨어지고 그림자도 뛰어내린다. 덤프트럭 소리가 길게 늘어져 내 발등을 덮는다. 저 멀리 청둥오리 한 쌍이 한껏 여유를 부리며 물길을 내고 있다. 그들을 물끄러미 바라보는 버드나무에 잎눈이 돋았을까. 가지 끝이 파릇파릇하다.

해 질 무렵은 적막이 걷히면서 분주하다. 새들도 집으로 돌아가려는지 짧은 다리를 종종거리며 활개를 펼치고 있다. 해를 등지고 앉은 등이 따뜻하다. 서쪽으로 넘어가던 해가 잠시 내 등에서 쉬다 가는 모양이다. 우두커니 강을 내려다보고 있는 내가 염려되는지 무언의 말을 걸어오는 듯하다. 그만 일어나라고 팔이라도 붙잡아 줄 생각인가. 바람도 눈치껏 몸을 조금씩 움직이기 시작한다. 슬쩍 머리칼을 헝클어 놓고 딴청을 피운다. 누구든 내 머리를 만지는 건 질색인데, 가만히 내버려둔다. 칼칼하면서 싸한 목소리가 들을 만하다.

'춘화는 춘화를 거쳐야만 꽃을 피운다.'라고 했던가. 산호수 새잎이 반지르르 윤이 난다. 추운 겨울을 보내고 나더니 더 단단한 봄이 찾아온 듯하다.

생각하는 갈대가 사라지고 있다

가슴이 답답하다. 『로봇 시대, 인간의 일』을 쓴 작가의 강연에서 앞으로는 하나의 직업만으로 살 수 없다는 말이 충격이었다. 취업 준비생을 두고 있는 엄마이기에 예사로 들리지 않았다. 아이는 전공한 분야에 취업하려고 몇 년의 세월을 보냈지만 그만두었다. 부모로서는 조금만 더 해봤으면 싶어도 자식은 또 다르다. 안 될 것은 빨리 포기하고 다른 것을 찾겠다는 생각이 현명하다.

전공 분야라고 쉽게 취업할 수 있는 것도 아니지만 어디 직장 구하기가 쉬운 일이던가. 생각대로 되지 않는지 동분서주 뛰어다니는 모습을 보면 안쓰럽다. 조건도 갖추고 자격증도 있어야 하니 힘들 수밖에 없다. 그러나 앞으로는 고생하며 자격증을 딸 필요가 없단다. 인공지능 시대는 늘 새로운 것을 공부해야 하며 어떤 직업이 사라지고 새로운 직업이 생겨날지 모르기 때문이다.

아이가 취득한 자격증들을 끄집어내어 하나씩 살펴본다. 시간을 쪼개가며 노력했던 결과물이다. 무용지물이 될지도 모른다니, 가슴 한 자락이 무너져 내린다. 많은 생각이 머릿속을 파고든다. 자격증은 직업과 무관하지 않다. 기존에 있는 직업이 없어지고 생소한 직업들이 생겨난다면 인공지능 시대의 아이들은 어떻게 살아가야 할까. 인공지능 시대는 약사와 교사 같은 전문직 직업이 가장 먼저 없어진다고 한다. 이미 약국에서는 로봇을 대신 쓰는데 약사보다 더 정확하다. 요즘은 음식점에서도 로봇이 대세다. 주문하고 앉아있으면 갖다주고 확인 버튼을 누르면 제자리로 돌아간다. 차세대들은 무슨 수로 생존할 수 있겠는가.

인공지능은 인간의 마지막 발명품이라고 말한다. 하루에 인공지능과 마주하지 않는 시간은 얼마나 될까. 순수하게 인간의 생각만으로 생활하는 시간은 또 얼마나 될까. '과학 기술이 인간 사이의 소통을 뛰어넘는 그날이 두렵다'라던 아인슈타인의 예언이 적중되고 있다. 우린 이미 기계의 지배를 받고 있어서 스마트폰을 손에 쥐고 있지 않으면 불안하다. 없으면 아무것도 할 수 없다.

추석 때 혼자 차례상에 올릴 음식을 준비하면서 감정 로봇 페퍼가 있으면 좋겠다는 생각을 잠시 해봤다. 종일 기름 냄새를 맡지 않아도 되고 여유롭게 커피를 마시는 시간도 가질 수 있다. 내 눈썹이 조금 올라가거나 미간을 약간만 찌푸려도 할 일을 알아서 척척하고 옆에서 말동무도 되어줄 테다. 인간의 일에 있어서 신이 관여하지 않는 단 한 가지가 사랑이라는데 신도 능가한 페퍼가 대단

하지 않을 수 없다.

인공지능 시대에 돌입하면서 인간이 하는 일이 점점 줄어들고 있다. 자동 시스템과 로봇의 출현으로 사람의 설 자리가 없어진다. 지금 초등생들은 죽을 때까지 일곱 번 정도는 직업을 바꿔가면서 살아야 한다니 생각만으로도 숨이 막힌다. 지금 글을 쓰고 있는 이 직업도 사라진다니 슬프다. 그러나 AI가 아무리 똑똑하다고 해도 시시때때로 변하는 감정까지 담아낼 수 있을지는 의문이다. 백 세 시대에 사는 우리는 정년퇴직 나이가 너무 이르다고 투덜댄다. 한 번 가진 직업으로 끝을 맺을 수 있다는 것만으로도 행복한 일이다.

스마트폰과 알고리즘에 의존하면서부터 생활이 크게 달라졌다. 알고리즘은 인간의 사고력과 창의력을 퇴화시키고 있다. 그에 대처하여 미래를 헤쳐 나갈 변화 적응 능력이 필요하다. 아날로그 시대에는 수백 개의 전화번호를 다 외우고 있었지만, 지금은 하나도 기억하지 못한다. 가끔은 집 전화번호마저 생각나지 않는다. 오늘도 여전히 스마트폰을 열고 세상을 검색하다가 아차, 싶어서 창을 닫는다. '생각하지 않는 사람'보다 점점 사라져가는 '생각하는 갈대'가 되려고 노력하는 중이다.

4부 ㅇ

푸른 소리 공중에 가득하다

푸른 바람을 마시며

자전거가 사라졌다. 그에게 자주 타지도 않을 거면서 왜 샀냐고 핀잔주었다. 현관이 복잡하다고 쳐다볼 때마다 투덜거리며 눈엣가시처럼 여겼다. 막상 그 자리에 없으니 시원섭섭한 마음이 몰려온다.

딸아이한테 자전거를 배웠다. 불혹의 도전정신을 높게 평가하여 가르쳐준다며 생색이 이만저만 아니었다. 배우겠다는 일념 하나로 잔소리든 뭐든 달게 받아들였다. 속성으로 며칠 만에 습득하게 되었다.

자전거를 탈 줄 안다고 신이 나서 푼수처럼 동네방네 떠들어댔다. 기쁨에 넘쳐서 한 그 자랑질이 화근이 될 줄은 꿈에도 모른 채 말이다.

성산항을 뒤로 하고 배는 하얀 물길을 내며 푸른 바다로 나아갔다. 저만치 보이는 섬을 올려다보았다. 소가 누워있는 섬의 형상을 하고 있다는 우도에 도착하니 자전거와 스쿠터가 우리를 먼저 반겨주었다. 친구는 내가 자전거 과외받은 사실을 기억하고 있었다. 자전거 탈 줄 알지? 그럼, 당연하지. 그렇게 오고 간 대화는 자전거를 타고 우도를 돌아보기로 매듭지었다.

바다 향기 맡으며 섬을 일주한다고 생각하니 두근두근했다. 차가 많이 다니지 않아서 괜찮다는 대여점 주인의 말만 믿으며 자신감을 얻었다. 과감하게 도전하기로 맘먹었지만, 불안이 슬슬 몸을 일으켰다. 자신감은 엉덩이를 뒤로 빼며 슬그머니 뒷걸음질 쳤다. 두어 시간이면 충분하다던 말은 자전거를 잘 타는 사람들의 잣대였다. 그 대열에 합류하기에는 턱없이 부족한 실력이다. 그렇다고 이미 결정 난 일을 두고 못 하겠다며 번복하기는 싫었다. 비록 공원 밖에서는 타 본 경험이 없지만 할 수 있을 거라며 마음을 다잡았다.

자전거로 바람을 가르며 해안도로를 달렸다. 다행히도 몸은 기억하고 있어서 낯선 장소에서도 출발은 순조로웠다. 붐비지 않아서 천천히 페달을 밟으며 바닷바람을 맞았다. 스쿠터를 탄 젊은 애들이 씽씽 지나간다. 간간이 차들도 앞질러 간다. 이 차선 도로였기에 반대편에서 차가 오면 옆으로 비키며 멈추어 섰다. 때로는 느닷없이 곧 덮칠 것 같아 풀쩍 뛰어내렸다. 몇 미터도 못 가서 넘어지고 또 넘어졌다.

후회가 사정없이 가슴을 후려쳤다. 그냥 버스 타자고 했으면 좋았을 테다. 앞서가던 친구는 내가 따라오지 않으니 걱정되었던

지 저만치 가서 뒤돌아보며 나를 기다리고 있다. 열정에 불을 지피라는 마음의 소리를 들으며 잡도리했다. 완주를 목표로 삼은 자신과의 약속을 지키기 위해서였다. 더군다나 도중에 포기하는 모습을 친구에게 보여주고 싶지 않았다. 끝까지 밀고 나가다 보면 경이로운 순간이 찾아올 것이라 믿었다.

학창 시절에 자전거를 배우다가 그만두었다. 아무리 애써봐도 생각만큼 쉽지는 않았다. 바람 부는 곳으로 쓰러져야 쓰러지지 않듯이 자전거가 기우는 쪽으로 핸들을 돌려야 넘어지지 않는다는 걸 알지 못했다. 필사적으로 살아남으려고 애쓴 방향은 늘 실패만 안겨주었다. 운동장에 처박혀서 두 무릎을 심하게 다친 이후 포기하고 말았다. 나와는 멀게만 느껴져서 거들떠보지 않았다. 하이킹 갈 때는 친구 자전거 뒤에 앉았다가 버스가 가까이 오면 나만 살겠다고 뛰어내렸던 기억이 난다. 그때 내 것으로 만들었더라면 지금 자연스럽게 즐기고 있을 것이라며, 혼자 피식 웃어 본다.

겁에 질려 바닥에 주저앉은 자신을 일으켜 세운다. 깨져도 괜찮다. 그냥 즐기기로 마음먹는다. 가다가 넘어지면 눈에 들어오는 풍경을 카메라에 담았다. 해안도로에 핀 꽃들은 내 불안을 걷어버리고 그 자리에 들어와 앉았다. 내 안이 환해졌다. 주황색 참나리꽃과 보라색 엉겅퀴, 노란 선인장꽃이 복스러운 얼굴로 나를 쳐다보며 싱긋이 웃어주었다. 질주만 했더라면 만나지 못했을 그들에게 답례로 손을 흔들었다. 해녀들이 물질하러 갈 때 옷을 갈아입던 불턱을 지나간다. 발 디딜 틈도 없이 복잡한 카페는 젊은 기운이 가득해서 보기만 해도 저절로 힘이 난다.

다시 두 바퀴로 달린다. 친구와 나란히 갈 수는 없어도 기준을 내게 두고 나만의 속도로 가면 된다. 조급함을 내려놓고 보니 몸도 마음도 한결 편안해졌다. 후텁지근하고 끈끈하던 바닷바람이 아까보다 시원하게 느껴진다. 순례자들이 엎드려서 절을 하며 한 걸음 한 걸음 앞으로 나아가듯이, 넘어지고 일어서기를 반복하면서 앞서거니 뒤따르거니 섬을 둘러보았다. 빨리 간다고 좋은 것도 없으며 늦게 간다고 나쁜 것도 없는 인생 아니던가.

구석진 곳에서 푸르게 피워 올린 풀꽃들을 마주할 수 있었다. 자세를 낮추고 엎드리니 싱싱한 소리가 들려왔다. 그들이 힘차게 살아가는 푸른 소리가 공중에 가득하다는 사실을 또 깨달았다. 살아 움직이는 생명체의 숨소리가 가득한 생명의 터전을 달리고 또 달린다. 그들의 응원에 힘입어 푸른 바람을 마시며 느긋하지만 즐겁게 나아가고 있다.

드디어 출발점으로 다시 돌아왔다. 남들보다 시간이 배로 걸렸지만 섬을 완주하며 스스로 해냈다는 데 의미를 둔다. 마음을 비우고 나니 길도 순탄하게 보여서 우도봉 내리막길에서는 시원하고 짜릿한 전율도 맛보았다. 역시 배움에는 즐거움이 따른다. 포기하지 않은 자신이 대견스럽다. 햇볕에 무방비로 노출되어 화상 입은 곳은 며칠 병원 신세를 지면 그만이다. 상상조차 할 수 없었던 일이라 뿌듯한 마음을 감출 수 없다. 적응되지 않은 것에 적응하며 사는 게 인생이라고 하지 않던가. 우도에서 난생처음으로 해낸 자전거 여행은 또 다른 도전에 이르게 할지도 모르겠다.

어느 봄날

사주 다방

이른 아침이다. 구제복 가게들이 즐비한 도로 정류장에 앉아서 버스를 기다린다. 한껏 부풀었던 빵집도 아직은 발효 중인지 조용하다. 단발 파마머리 사진이 걸려있는 미용실도 문이 굳게 닫혔다. 아파트 신축 공사장만 분주하다. 형광 조끼를 입은 젊은 환경미화원이 긴 빗자루와 쓰레받기로 어제의 찌꺼기들을 쓸어 담고 있다. 거리가 깨끗한 모습으로 하루를 맞이한다.

입간판 하나가 눈길을 사로잡는다. 커피 잔을 그려놓고 '사주 봐 드립니다.'라는 문구가 인상적이다. '아가씨 구함'이라는 빨간 글자도 눈에 들어온다. 사주 다방에서 아가씨가 할 일은 무엇일까. 커피를 마시면 사주를 덤으로 봐주는 걸까, 사주를 보면 커피를 덤으로 준다는 걸까. 아니면 따로따로일까. 다방이 사라진 지 오래지만, 음악다방은 봤어도 사주 다방은 생소하다.

어느 날 사주 다방 주인아주머니와 마주쳤다. 가게 문을 열고 가판대에 놓여 있는 다육식물에 물을 주고 있었다. 까만 망사 쫄바지에 무릎 아래까지 내려오는 까만 셔츠를 입은 주인의 모습도 간판처럼 범상치는 않다. 볼 것도 아니고 마실 것도 아니면서 등 뒤로 다가가 물었다.

"여기서 사주를 봐주나요."

"네. 커피도 팔고 있으니 필요하면 언제든 오세요."

그간의 궁금증이 풀렸다. 이 나이에 사주를 봐서 무얼 하겠는가. 백 세를 기준으로 해도 이미 절반은 넘게 살았다. 남은 생이 얼마나 되는지 휴대전화 배터리처럼 알 수 있는 것도 아니다. 파릇한 젊은 시절이었다면 호기심에, 정말로 궁금해서, 미래가 알고 싶어서 당장 주인 손을 이끌고 다방 안으로 들어가고도 남았다. 자신이 하고 싶은 일 하면서 건강하게 살아가고 있으니 사주 따위는 안 봐도 될 듯하다. 그래도 지날 때마다 궁금해지는 건 아직도 살날이 남아있다고 생각하기 때문이다.

그나저나 풀꽃을 어루만지며 감성을 일깨우는 주인아주머니는 매일 누군가를 기다리며 살아갈 사주일까.

제비꽃

버스 정류장 의자 아래에 제비꽃이 피었다. 저 여린 몸으로 보도블록 틈 사이를 어떻게 비집고 올라왔을까. 꽃이 피고 진 자리에

씨가 여물어 간다. 제비꽃 씨를 보는 건 처음이다. 눈을 크게 뜨고 허리를 굽혀 몸을 낮추었다. 콩꼬투리처럼 생긴 씨방에 좁쌀만 한 씨앗 열두 개가 들어앉았다. 이미 어디로 튀어 나갔는지 댁대구루루 굴러갔는지 네 개만 남은 것도, 빈 꼬투리도 있다. 쪼그만 씨앗들은 어디로 달아났을까.

김녕리 해변에서 보았던 제비꽃이 떠오른다. 현무암 아래서 나 보란 듯이 피었건만 입술이 파랗게 질린 채 떨고 있었다. 곁에 있는 찔레 가시에 겁을 먹은 것 같아서 한쪽으로 밀쳐주었다. 인적 드문 척박한 땅에서 추위를 견디며 꿋꿋하게 피어있던 보라색 제비꽃, 봄은 아직 멀었는데 혼자 두고 돌아서던 걸음이 마음에 걸렸다.

제비꽃은 '순진한 사랑', '나를 생각 해주오.'라는 꽃말을 품고 있다. 초봄에 일찍 왔다 가버리니 잊지 말라는 것일까. 봄에 피어나는 꽃은 내가 아는 것만 해도 수십 가지가 넘는다. 사람들은 꽃을 볼 때만 기억하고 지고 나면 금방 잊어버린다. 계절마다 앞다투어 피어나는 꽃이 하도 많아서 그들에게 마음을 빼앗기기 때문이다. 그런 마음을 어찌 알고 자기를 기억해 달라고 청한다.

낮게 엎드려 보아야 하기에 사람들을 겸손하게 만드는 꽃, 보고 있으면 저절로 미소 짓게 하는 보랏빛 제비꽃이다. 좋아하는데 이유가 없듯이 그냥 좋다. 기슭 진 곳에서 저렇게 야무지게 씨를 만들고 있었으니 봄도 가장 먼저 맞이하는 게 아닐까. 준비된 자에게는 기회도 빨리 올 테니까 말이다.

흰점박이줄나비

나비 한 마리가 허공으로 포물선을 그리다가 냉이꽃 위로 살포시 내려앉는다. 다시 자리를 옮겨 날개를 접고선 녹나무에 기대어 쉬는 것 같다. 날갯짓에 지쳤는지 사람이 가까이 다가가도 움직이지 않는다. 평소에는 작은 인기척에도 폴 날아가 버리더니 오늘은 영 기운이 없는가 보다. 방해하지 않으려고 못 본 척 발길을 돌린다.

기후 변화와 서식지 파괴로 벌과 나비가 사라지고 있다. 생태계에 경고장이 날아들었다. 아파트가 들어서고 도시화되면서 활동할 공간이 감소한 이유다. 지구에서 가장 무서운 바이러스가 인간이라는데 주범이 아니라고 부정할 수 없다. 회색 건물인 지금 이곳에도 나무는 많은데 꽃이 별로 없다. 꽃가루를 옮겨 번식을 돕는 것은 고된 일이다. 충분한 영양을 섭취해야 중개자 역할도 할 수 있을 텐데 걱정이다.

얼마나 지났을까. 나비 곁에 두고 온 마음을 찾으러 다시 건물 밖으로 나가보았다. 날아가고 없다. 아픈 건 아니었구나, 잠시 쉬었던 거구나, 안심해도 되겠다. 저 건너 샛강에 가면 온갖 꽃들이 피어있다고 말해줄 걸 깜박했다. 꽃이 흐드러지게 핀 곳으로 날아갔으리라 믿는다.

나비를 생각하니 살아생전 어디든 훨훨 날아가고 싶다고 입버릇처럼 말하던 엄마 생각이 난다. 혹시 풍장을 한 우리 엄마도 나비가 되어 이 꽃 저 꽃으로 날아다니고 있을지도 모른다.

"흰점박이줄나비야, 혹시 다니다가 우리 엄마 보거든 안부 좀 전해줘. 나 잘 있다고."

새처럼 자유롭게

차창 밖으로 푸른 풍경이 스쳐 간다. 철길 옆에서 접시꽃이 웃으며 무표정한 사람들을 향해 손을 흔든다. 모내기한 무논에는 왜가리 한 마리가 무슨 생각에 잠겼는지 고개를 떨군 채 천천히 걷고 있다. 멀리 보이는 산은 연두와 초록, 갈맷빛으로 뒤섞여서 한 폭의 파스텔화를 연상시킨다.

내 옆자리에 앉은 남학생이 한껏 격앙된 목소리로 친구와 통화 중이다. 객실 밖으로 나가서 해야 하는 예의도 잊어버릴 만큼 신나는 일이 있는 것 같다. 건너편 옆자리에서는 아까부터 자꾸 중얼거리는 소리가 건너온다. 잠시 그러다 말겠지, 어디 강연이라도 가는데 연습해 보는 것이려니 생각했는데 멈추지를 않는다. 조용히 좀 해달라는 듯 여기저기서 따가운 시선을 보내는 데도 눈치채지 못한다.

그쯤 되니 내용이 궁금하다. 무슨 말인지 들어보려고 통로로 몸을 바짝 기댄 채 건너편으로 귀를 기울였다. 얼핏 들려오기로는 한국전쟁 이야기며 만이로 태어나 어쩔 수 없었다는 등등의 말이다. 무릎 위에는 가죽으로 된 까만 서류 가방이 올려졌고 손에는 색바랜 신문지를 여러 장 쥐고 있다. 겉으로는 꼿꼿한 자세로 앉아 있는 모습이 젊은 시절에 전쟁 참전 용사처럼 보인다. 계속 이어지는 중얼거림에 주위 사람들은 호기심으로 보던 눈빛을 거두어들이고선 얼굴을 찡그리며 불편을 드러내기 시작했다.

그때 지나가던 승무원한테 옆에 앉은 남학생이 손짓으로 그 노인을 가리켰다. 눈치 빠른 승무원이 그에게 승차권을 보자고 요구했다. 한참 들여다보던 승무원은 좌석이 3호차니 앞 칸으로 가서 제자리에 앉을 것을 부탁한다. 객실에서는 조용히 해달라는 말도 보탠다. 그가 알았다고 고개를 끄덕였고 임무를 마친 승무원은 5호차로 건너갔다. 잠시 조용하던 객실이 다시 중얼거림으로 부글거렸다. 따가운 눈총이 거침없이 날아드는 것을 인식했는지 그제야 혼잣말을 멈추었다.

옆에 앉은 학생이 내게 껌 하나를 건넨다. 물어보지도 않았는데 입대하기 전에 부산에서 같이 공부한 친구들을 만나러 가는 길이라며 씩 웃는다. 그 웃음의 의미를 어렴풋이 알 것 같아서 기분이 어떠냐고 물었다. 잘 지낼 수 있을지 걱정도 되고 착잡하다며 창밖으로 눈길을 돌린다.

수년 전 아들이 입대하던 그날을 불러온다. 대학교 일 학년 기

말고사를 치르자마자 바로 자원입대했다. 군에서 뜻하지 않은 사고가 일어나서 뉴스에 오르내리던 때라서 걱정이 이만저만 아니었다. 녀석은 애써 담담한 척해도 속은 복잡한 생각으로 가득하다는 게 눈에 읽혔다. 논산훈련소로 가는 길에서는 말이 없어졌다. 입대식을 마친 후 연병장을 한 바퀴 돌고선 건물 안으로 들어가 버렸다.

아들한테 날마다 편지를 썼다. 응원을 보내야 한다며 식구들한테 강요하며 어깃장을 놓았다. 초콜릿이며 무좀약 등 필요한 것이라면 뭐든 수시로 택배로 보냈다. 길 가다가도 군인들만 보면 아들을 만난 듯 괜히 코가 찡했다. 아들이 휴가 나오는 날은 좋아서 밤잠을 설쳤다. 친구들 만나기 바빠서 집밥은 고작 몇 끼 먹지도 않는데 이것저것 차려놓고 목을 빼고 기다렸다. 밤새 행군으로 지쳐 곧 주저앉고 싶었을 때, 저 멀리서 엄마 목소리가 들리는 것 같아 끝까지 힘을 낼 수 있었다는 녀석의 말에 눈물이 고이고 말았다. 무탈하게 복무를 마치고 돌아온 아들이 자랑스럽고 고마웠다.

껌을 씹으며 창밖을 내다보는 학생의 앳된 얼굴을 마음눈으로 살펴보았다. 몸도 생각도 들떠 있을 시기이다. 무엇을 해도 손에 잡히지 않을 것이다. 아들 같아서 가볍게 등을 두드리며 안아주고 싶지만, 학생이 달가워하지 않을 것이라고 여겨 그만두었다. 학생 덕분에 우리가 편안하게 지낼 거라고, 건강하게 군 복무 잘하고 오라는 말을 남긴 채 열차 밖으로 나왔다.

학생이 주고 간 껌 종이에 '새나(새처럼 자유롭게)'라고 적혀 있다. 우연이었겠지만 머잖아 입대로 발이 묶이게 되는 학생의 마음이 고스란히 전해졌다. 글을 읽고 쓰고 고민하면서도 그 안에서 자유와 행복을 느끼는 내 경험으로 미루어 보아 군 복무 동안에 관심 있는 분야를 찾아서 마음껏 날아보리라 믿는다.

옆자리 노인에게도 하나 드렸더라면 좋았을 테다. 껌 종이에 쓰인 글자가 마법을 일으켜 당장 어떤 변화를 불러오리라고 생각하지 않는다. 다만 그 노인이 중얼거림에서 빠져나와 사람들 앞에서 당당하고 또렷하게 말할 수 있는 날이 오기를 바라는 마음이다.

기차가 플랫폼을 빠져나간다. 어느 역에서 누군가가 내리고 또 어느 역에서는 누군가가 기차에 오를 것이다. 우리의 시간도 한 구간을 지나고 새로운 한 구간을 향하여 힘차게 달려가고 있다.

백야 현상

조기가 달궈진 프라이팬 위에서 치직 치직 울음소리를 낸다. 짠물이 한 움큼씩 쏟아진다. 눈물이 하얗게 배어 나올 때 조심스럽게 뒤집었다. 얼마나 울었는지 눈알만 쏙 빠졌다. 프라이팬에 달라붙은 두 눈을 보니 어느 해 봄밤이 떠오른다.

보름달이 바닷물을 훅 빨아들이던 날이었을까. 민박집 뒷산에서는 간간이 소쩍새 울음소리가 들려왔다. 대문 곁에 서 있는 라일락은 낮에 무슨 좋은 일이 있었는지 혼자서 자꾸만 웃었다. 달은 나뭇가지 사이에 귀를 매달아 놓고 꽃들의 수다를 엿듣고 있다. 지느러미 달린 생물들은 수면 위로 뛰어올라 흐드러지게 핀 벚꽃 구경에 달이 가는 줄도 모른다. 별도 질세라 돌배나무 아래에 있는 우물 안으로 은빛 가루를 마구 쏟아부었다.

군불을 지펴놓은 황토방에 등을 대고 천장을 바라보며 누웠다. 휘어진 대들보도 오늘따라 운치가 그만이다. 한쪽 구석에 있는 손바닥만 한 텔레비전에서는 오래전 가수가 나와 흘러간 노래를 부른다. "당신은 무슨 일로 그리합니까. 날마다 개여울에 나와 앉아서 하염없이 무엇을 생각합니다. 가도 아주 가지는 않노라시던 그런 약속이 있었겠지요." 약속이나 한 듯이 화면에 눈을 고정한 채 무심한 듯 그 노래를 듣는다.

그때 누군가 첫사랑 이야기를 끄집어낸다. 그리곤 그 모습이 떠올랐는지, 그 사람을 생각하는 건지 말이 없어졌다. 멀게진 동공은 어느 시점으로 거슬러 올라가 멈춘 시간으로 들어가고 있다. 얼굴을 맞대고 뜨거운 입맞춤을 하면서도 추위를 느꼈다며 팔로 온몸을 감싼다. 어쩜 시끄러운 세상보다 더 무서웠던 것은 그들은 하나가 될 수 없다는 높은 담장의 말이었을 테다. 조용히 리모컨을 눌러 화면을 닫았다. 달빛도 문고리를 걸어두고 어느새 우리 머리맡으로 와서 앉았다. 숨소리마저 멈춘 듯 정적이 흐르고 또 흐른다.

가도 아주 가지는 않는다니, 무슨 그런 애매한 약속이 다 있을까. 가는 것도, 남은 것도 아닌 그 가사 위로 시간이 지나간다. 왕벚나무도 꽃망울을 터트리는 소리를 멈추지 않는다. 이루지 못한 첫사랑 이야기는 봄밤에 찾아온 불청객이었다. 노래는 끝이 났는데도 가사는 계속 방안을 맴돈다. 뭔가 모를 불편함이 온몸으로 스멀거리며 기어다닌다. 누가 먼저랄 것도 없이 제각각 팔을 베고 모로 누웠다. 오래된 강대 나무에 아직도 물기가 남아있었던가. 그 쓸쓸함이 배어 나와 지나간 시간을 들추는 동안 소쩍새가 목이 쉬도록 하얀 밤을 읽어 내렸다. 동쪽 하늘에는 그리스신화에 나오는 페르세포네가 지하에서 지상으로 올라왔는지 처녀자리 별이 반짝였다.

사랑하는 사람들에게 봄은 백야 현상 같은 것인지도 모른다. 손끝이 닿거나 눈이 닿는 곳마다, 발걸음을 옮기는 곳마다 꽃이 피고 또 핀다. 밤조차도 어둠을 밀어내고 꽃으로 불을 밝힌다. 하물며 보름달도 시샘하여 바닷물을 와락 끌어당기지 않는가.

벚나무를 올려다보며 볼그스레한 수백 송이의 꽃 이야기를 듣는다. 꽃그늘에 앉아보니 화르르 웃음 짓는 말들이 공중에 가득하다. 저 환장하게 예쁜 꽃들을 보고선 검버섯 핀 얼굴들이 벌떡 일어나 삭정이 같은 손으로 꽃가지를 마구 흔들고 있다. 젊은 날에도 가보지 못했던 꽃 잔치라 지금 아니면 언제 춤을 춰보겠냐며 신이 났다. 벌이 꽃 속으로 코를 박자 손등의 시퍼런 핏줄이 불끈거린다. 주름은 꽃을 보고서 펴졌다가 집히기를 반복하지만, 살아온 날들이 서럽다. 아직은 떨어지기 싫다는 꽃의 비명이 천지를 뒤흔드는데 그 소리 같은 건 들리지도 않는다는 듯 무시해 버린다. 늙어버린 시간은 꽃 같은 젊은 날이 떠올랐을까. 그 아릿한 마음이 헤아려져 무연히 바라본다.

프라이팬에 달라붙은 조기의 눈을 떼어먹으면 그 푸른 시간의 내력을 알 수 있으려나. 푸른 바다로 나아가 그들의 못다 한 사랑 이야기를 듣고 싶다. 그들이 사랑을 나누었던 곳은 어디쯤일까. 환하게 알전구를 켜고 다녔던 눈은 어느 계절을 살다 온 치열한 마음일까.

집

금오산 초입에 '인(仁)을 구하는 집'이라는 뜻이 담긴 구인재가 있다. 그곳에 가면 선현의 정신이 전해오는지 자신을 돌아보게 된다. 마음이 혼탁하거나 서걱거릴 때, 앞이 훤하게 트인 마루에 앉으면 마음속에 부유하는 것들이 가라앉으며 정화되는 느낌을 받는다. 목련이 피고 모란이 피는 계절이 오면 누가 기다리기라도 하는 듯 달려간다. 박태기나무에 노랑나비가 날아들고 팽나무는 날마다 품을 넓혀가며 씨앗을 어디로 보낼지 살피고 있다.

저마다의 집에는 주인의 철학이 담겨 있다. 옛 어른들은 집을 지을 때 나름의 정신을 담았다. 지금은 남이 지어놓은 집에 들어가 사는 경우가 많지만 삶의 철학은 지니고 있을 테다. 집에 정신을 담는다면, 몸은 그릇이고 영혼은 밥인 셈이다.

어릴 때 마당에서 뛰어놀던 생각을 하면 꽃밭을 가꾸던 아버지의 모습이 떠오른다. 풀 한 포기도 가치가 있으니 함부로 대해서는 안 된다던 그 말씀을 기억하고 살았다. 나팔꽃을 심어놓고 줄을 매어주고 기와집의 추녀 끝으로 떨어지는 빗물을 양동이로 받아 꽃에 나눠주던 마음이 바로 아버지의 철학이었다. 거창하게 의미를 담아 집의 이름을 짓지는 않았다. 소박하면서도 따뜻한 마음을 담아 행동으로 보여주었다.

결혼 후 나의 첫 번째 목표도 집 장만이었다. 마당 넓은 집보다 편리한 아파트가 눈에 들어왔다. 달마다 주택청약 부금을 넣고 때가 되기를 기다리며 꿈을 키웠다. 큰아이가 유치원 다닐 무렵에 보금자리를 마련했다. 전세 계약이 끝나가면 집 보러 다니던 수고도 덜었고 더 이상 압류당한 전셋집에서 불안에 떨지 않아도 되었다. 두 다리 쭉 뻗고 편안하게 잠잘 수 있다며 그와 부둥켜안았다. 무엇보다 아이들이 자기 방이 생겼다고 침대 위에서 뒹구는 모습을 보며 뿌듯한 마음을 지울 수 없었다.

돌아보면 남의 집 이층에 세 들어 살던 신혼 때가 행복이 컸던 것 같다. 달마다 쥐꼬리만 한 월급봉투를 받으면서도 서로에게 애정을 듬뿍 쏟으며 살았다. 그이의 퇴근 시간에 맞춰 회사 통근버스가 서는 정류장까지 마중 가는 것은 나의 일과 중 하나였다. 비가 오면 저녁을 짓다가도 앞치마를 벗어 던지고 우산을 받쳐 들었다. 돌아오는 길에 붕어빵 한 봉지를 사서 나눠 먹으며 웃던 그 시간은 소소한 기쁨이었다.

지금은 아파트 턱 밑까지 자동차가 들어오고 엘리베이터가 현관문 앞까지 데려다준다. 벨을 누르고 문을 열어주지 않아도 식구들은 비밀번호로 드나든다. 열쇠를 잃어버려서 동동거릴 일도 없다. 그런 것에 밀려나서 마중 갈 이유도, 마음도, 필요 이상의 것이 되어 버려서 무덤덤해졌다. 집에 대해서도, 편리한 것에도 익숙해졌다. 편리한 게 좋은 것만은 아닌 듯하다. 가끔 아날로그 시대의 그 풍경들이 아득히 그리울 때가 있다.

불볕더위를 막느라 애쓰던 한여름은 지나갔다. 이젠 내면을 돌아보며 원하는 목소리에 귀를 기울인다. 눈에 보이지 않는 그 무엇을 갈구하느라 아직도 이해되지 않은 책은 몇 번씩 반복해서 읽는다. 편식하지 않고 필요한 영양을 골고루 섭취하려 노력하는 중이다. 창가에 배롱나무 한 그루 심어놓고 새 소리 들을 수 있는 마당 넓은 집 하나 짓기를 꿈꾸면서.

언니가 젤로 좋다

언니는 고등학생, 나는 중학생이었다. 돈을 아껴 쓰는 언니는 엄마로부터 날마다 용돈을 받았다. 엄마가 보기에 나는 어리기도 하지만 씀씀이가 헤퍼 보였는지 꼭 필요할 때만 받아 가라는 조건을 내걸었다. 주머니가 넉넉하지 않은 탓에 사생활이 돌부리에 걸려 넘어질 때가 있었다. 염치없지만 언니에게 매달렸다. 등굣길에 대문을 나서면서부터 언니의 눈치를 살폈다.

"언니야, 내 친구들하고 어디 갈라 캤는데, 돈 좀 줄래."

대답이 없다. 이미 여러 번 겪은 일이라 이력이 났는지 아예 응대도 안 한다. 어떡하든 교문에 들어서기 전까지 설득하려고 방법을 찾느라 고민 중이다. 그때는 지금처럼 수도꼭지만 틀면 온수가 펑펑 쏟아지는 시절이 아니어서 연탄 위에 온수기를 올려 물을 데워서 사용했다.

"언니야, 이제부터 연탄불에 올려놓은 뜨신 물, 아침마다 혼자

다 안 쓰께. 언니하고 같이 쓰께."

"니 그케 놓고 맨날 혼자 홀랑 다 써뿌잖아. 그럴 때마다 얼매나 미깔시러운지* 아나?"

"그라믄 이제부터라도 언니 혼자 다 써라. 나는 찬물에 머리 감아도 개안타."

"됐다 마. 나는 니맨치로 만날 머리 안 감아도 된다."

"그라고 미술 시간에 새 물감 언니가 가져가라. 나는 헌 거 가져가서 쓰께. 하얀 물감 한 개쯤 없어도 뭐 상관없다."

"니 그케 놓고 약속 지킨 적 있나? 나도 이제는 하얀 물감 한 개쯤 없어도 개안타."

그때 언니가 인도를 벗어나 자꾸 도로 쪽으로 내려가는 내 팔을 확 잡아당겼다.

"가새로* 좀 나온나. 차에 찡기면 우얄라카노."

그러거나 말거나 나는 언니를 설득할 말을 찾느라 머릿속을 마구 뒤졌다.

"언니야, 이거는 진짠데, 내가 암만 신경질 나도 언니보고 '니'라 안 카고 '언니'짜 꼭 붙이께, 진짜데이."

"니는 화장실 갈 때만 바쁜 거 내 다 안다."

"그라믄 언니야, 일욜날 언니 운동화 내가 깨끗하게 빨아주께. 운동화에 치약 발라가 햇빛에 말리면 하애져서 얼매나 이쁜지 아나. 그거 모리제?"

"그런 거 니나 마이 해라. 나는 안 하얘도 된다마."

"그라믄 내캉 타협할래?"

"내가 니하고 타협은 말라꼬 하노? 그라고 니 거머리맨치로 와 이래 자꾸 달라붙노?"

"뭐, 거머리?"

띵! 둔기로 머리를 내리치는 그 말 한마디에 목젖이 확 닫히면서 몸체가 스르르 내려앉았다. 이런 게 자존심인가. 내게도 그게 있었단 말인가. 아무리 필요에 의한 것을 얻어내고자 온갖 감언이설로 꼬드겼지만, 막상 그런 말을 듣고 보니 내가 진짜 거머리처럼 느껴졌다. 거머리는 남의 피를 빨아먹는 나쁜 존재가 아닌가. 모내기할 때도, 도랑에서 미꾸라지를 잡을 때도 불청객이라 모두 멀리하지 않던가. 아무리 거머리가 사람들 치료에 한몫한다지만 그다지 명쾌한 생물은 아니다. 말만 들어도 몸이 저절로 오그라든다.

철딱서니 없다고 해도 거머리에 비유된 자신이 너무 초라해 보였다. 한번 안 된다고 했으면 그만둘 일이지, 속도 없이 왜 매달렸을까. 친구들과 약속을 안 잡으면 그만이지, 쥐구멍이라도 있으면 들어가고 싶었다. 얼마나 징글징글하면 그런 말을 다 했을까. 내가 누군가에게 그런 존재라니 비참해서 견디기 힘들었다. 공부고 뭐고 교실로 들어가고 싶은 생각마저 사라져 버렸다. 여태 나는 언니에게 그런 존재였나 싶으면서도, 돈 백 원에 치사하게 그런 말을 한 언니가 야속했다. 하기야 처음 있는 일이었으면 그럴 리도 없다.

돈이 문제라기보다는 거듭 되풀이되는 행위가 미웠을 테다. 언니는 갑자기 조용해진 나를 곁눈질로 살피는 듯했다.

어느새 우리는 교문 안으로 들어와 있었다. 내가 교실을 향해 막 발걸음을 돌리려는 순간, 언니가 내 이름을 불렀다. 다시는 돌아보지 않으려던 마음은 온데간데없고 나는 반사적으로 뒤돌아보고 말았다. 언니가 책가방을 열고 무언가를 꺼내는 것 같았다.

"니, 삐졌나? 오늘만 특별히 준대이. 다음엔 진짜로 없다, 알았나."

교문 앞에 서 있는 소나무가 우리 자매를 가만히 내려다보고 있다. 언니가 강조하는 그 진짜는 진짜가 아니란 걸 잘 안다. 언니와 내가 주고받은 대화는 토씨 하나 틀리지 않고 머잖아 또다시 되풀이된다는 것을 소나무도 꿰뚫고 있다. 추운 겨울에도 새잎이 돋아나던 봄에도 들어봤던 터였다. 정말이지 언니에게 약재로 쓰이는 것이라면 모를까 다시는 거머리가 되고 싶지 않다고 마음속으로 다짐한다.

뾰로통해진 얼굴로 손바닥에 올려진 백 원을 쥐고 돌아서는 순간, 참았던 눈물이 소리 없이 흘러내렸다. 발걸음이 떨어지지 않았다. 홍건해진 눈으로 더듬더듬 걸어가면서 기어들어 가는 소리로 혼자 중얼거렸다. '거머리 같다고만 안 했으면 나는 정말로 세상에서 언니가 젤로 좋다고 말할라 캤는데….'

수업 시간을 알리는 종소리가 들려왔다. 얼른 교실로 들어가라는 듯 교문 앞에서 뭉그적대는 내 등을 밀며 길게도 울려 퍼졌다.

*미깔시럽다: 얄밉다

*가새로: 옆으로

밀고 당기기

휴대전화기에 이상이 생겼다. 며칠 전부터 말썽을 부려서 새것으로 바꾸기로 마음먹었다. 매장 직원은 누가 쓸 것인가를 묻더니 새 모델 하나를 꺼내서 보여주었다. 여러 가지 기능을 설명하면서 화면이 커서 큰 글씨를 볼 수 있기에 그만이란다. 고객을 배려한 말인데도 듣는 고객이 기분이 나쁜 건 왜일까. 내가 벌써 큰 글씨를 고를 만큼 노안이 된 그 나이란 말인가. 세월이 짓누르는 어깨를 추스르며 말없이 매장을 나와 버렸다.

발걸음이 무겁다. 입을 꾹 다문 채 앞만 보고 걸어간다. 괜히 속이 상한다. 듣기에 따라 얼마든지 수용할 수 있는 그 말 한마디에 민감하게 날이 선다. 마음에 여유를 내치며 그 무거운 통증을 스스로 끌어들인다. 거기다가 혹처럼 따라다니는 나의 무능력이 한 술 더 보태진다. 자신의 초라함에 더 왜소해지는 자존심이라니.

여태 해 놓은 게 뭐가 있을까. 그렇다고 잘하는 것도 없고 맺고

끓는 게 분명하지도 않다. 좋은 글을 쓰고 싶지만, 마음먹은 대로 되지 않는다. 뿌연 안개 속에서 헤맬 땐 깊은 자괴감에 빠져버린다. 정체성을 확인하려다 길을 잃었다. 나를 인식할 수 없어 터널에 갇혀 허둥댄다.

봄은 이런 나를 흔들어 깨운다. 자신에게 배려하고 내면의 목소리에 귀 기울여 보라고 말한다. 표현을 가로막는 장벽은 부숴버려야 한다며 조언을 건넨다. 남들에게는 배려하려 애쓰지만, 자신에게만 유독 인색하다. 사소한 일에도 상처받는다는 것을 잘 알면서도 위로와 격려조차 하지 않는다. 칭찬은 고사하고 채찍만 가했다. 그 누구보다도 사랑이 필요한 사람이 자신인데도 모르는 척 외면했다. 한 걸음 물러서서 자신을 위해 웃어주지 않았다.

하긴 너무 평범해서 평범한 데 관점을 두지 않은 게 문제였지 따지고 보면 그렇게 못 하는 것도 없다. 낯가림이 심해서 먼저 다가서지 못해도 다정다감하지 않은가. 좋은 글도 천재성을 타고났다면 모를까 처음부터 잘하는 사람이 어디 있겠는가. 지금부터라도 구양수의 다작, 다독, 다상량을 바탕으로 열심히 하다 보면 탄탄한 나만의 글 길이 만들어지지 않을까.

마흔이 넘으면 그동안 억압해 왔던 자아를 풀어줘야 한다는 말이 있다. 어쩌면 스스로 나 자신을 가두고 있지 않았을까. 틀에 박혀 밖으로 나가기를 저어하며 스스로 상처를 내고 슬픔을 준 건 아닐까. 갇혀있던 나를 열어놓을 생각에 마음이 가벼워진다. 낯선 것을 두려워하지 않는 용기를 가지고 그동안 움츠렸던 어깨를 쫙 펴고 당당하게 걸어보리라.

저만치 터널의 출구가 환하게 다가온다. 향긋한 봄 냄새가 공중에 흩날리는 것 같다. 잠시 내 마음에 생겼던 생채기에 무수히 피어나는 초록 향기가 소리 없이 내려앉는다.

눈부시게 햇살이 좋은 날, 창가에 앉아 이유 없이 눈물 흘리며 감성에 빠진들 어떠랴. 새로 산 멜로디 찻주전자 소리에 마음을 빼앗겨 하루 만에 새까맣게 태워 버린들 어쩌랴. 환경이 조금만 낯설어도 어리벙벙하다가 방향감각을 상실하기 일쑤며 어디 가서 자기소개도 제대로 못 한 날은 집에 와서 이불 쓰고 만세 좀 부른들 어쩌랴. 바보 같이 그것도 제대로 못 하냐면서도 다음에 또 그런들 무슨 대수랴. 자신에게 관대해지고 나 자신을 자유롭게 풀어줄 수만 있다면 이보다 더한 일도 얼마든지 할 수 있다.

조개는 하나의 진주를 만들기 위해 몇 년을 울어야 한다. 모래알갱이나 기생충 같은 이물질이 연한 살 속으로 침투하면 그 아픔과 치유의 반복과정을 겪고서야 아름다운 진주를 만들어 낸다. 그처럼 조개는 진주를 만들기 위해 살을 깎는 아픔을 참고 견딘다. 고작 매장 직원의 말 한마디에 마음 상해서 꽃샘추위를 앓는 나약한 자신이 참으로 부끄럽다.

봄은 쉽게 오지 않는다. 겨울과 적당한 밀당을 수차례나 한 후에야 파릇한 얼굴로 아장아장 걸어온다. 정서적으로 더 민감해지며 지적인 활력을 찾기 위해 오늘도 자신과의 밀고 당기기는 계속 된다.

찔레꽃머리

생 하나가 또 떨어졌다. 쿵, 하는 소리에 덜컥 마음이 내려앉는다. 발밑이 꺼지는 것 같다. 몇 년 만에 초록 잎 사이를 비집고 올라온 주황색 군자란이다. 당신 없이 꽃 피우는 일이 이렇게 아픈 줄 몰랐다면서, 꽃대도 없이 겨우 피워 낸 꽃 중에 마지막 남은 꽃송이였다. 한 생이 지는데 그만한 소리도 없을까. 꽃송이를 손바닥 위에 올려놓으니 찬란했던 생의 온기가 느껴지는 듯하여 망연히 들여다보고 있다.

아름다운 생이 어디 꽃뿐일까. 어젯밤까지만 해도 건강하던 구피가 오늘 아침에 일어나 보니 죽어있다. 갑작스러운 이유를 모르겠다. 삶과 죽음이 결정 났을까. 부드러운 곡선을 그리며 힘차게 오가던 모습은 간데없고 수면 위로 둥둥 떠다닌다. 생사의 무게가 저토록 다르다. 죽은 구피를 뜰채로 건져 올렸다가 다시 물에 풀어 놓으니 빙그르르 물속으로 가라앉아 버린다.

처음 구피를 얻어왔을 때는 밤낮으로 바투 앉아 경이로움을 느끼느라 입이 함박만 해졌다. 속눈썹 크기만 한 새끼를 한꺼번에 수십 마리를 낳는 것도 신비로웠다. 식구가 늘어서 집이 시끌벅적해지고 마음도 풍성했으나 시간이 갈수록 점점 시들해졌다. 외출했다 들어오면 먼저 구피를 살피던 식구들에게도 차츰 관심 밖으로 밀려났다. 신기한 일도 시간이 지나니 단조로운 일상이 되어버렸다. 누군가를 좋아하면 도파민이 삼 년 동안 나온다던데 구피는 아니었나 보다.

주황색 꼬리를 흔들며 어항 속을 누비는 수컷을 보면 활기가 넘쳤다. 수컷이 죽은 줄 아는지 모르는지 얼마 전에 태어난 치어와 성어들은 한데 어우러져 잘도 논다. 그 모습을 멀거니 바라보고 있자니 아버지를 병풍 뒤에 눕혀두고 이를 드러내며 웃던 우리도 저랬지 싶어 가슴 한편이 저며온다.

아버지를 산허리쯤에 있는 흙집으로 모셔가기 이틀 전이었다. 염사(殮師)는 천석꾼 만석꾼을 외치며 버드나무 숟가락으로 불린 쌀을 아버지의 입에 떠 넣었다. 오뉴월 볕도 아랑곳하지 않고 명주로 만든 수의를 입히고 이불을 덮어 꽁꽁 싸맸다. 흔들리면 안 된다고 평소에 아끼던 옷가지로 널 안을 메웠다. 흔들린다는 것은 살아있다는 말, 주검은 흔들림을 거부했다.

병풍을 사이에 두고 환한 앞쪽을 피해 캄캄한 뒤쪽으로 아버지는 퇴장했다. 사흘 동안 숨소리도 없이 고요보다 더 고요하게 누워만 계셨다. 죽음이 어떤 명약을 주었는지 그토록 쿨럭대던 기침 소리 한번 들리지 않았다. 산 자들도 고치지 못한 병을 실체도 없는 죽음은 거뜬히, 순식간에 해냈다. 아버지가 기침으로 더 이상 고통스럽지 않아도 된다는 것에는 적잖은 안도감을 느끼며 병풍 앞에서 조문객을 맞이했다. 길게 나열할 것도 없는 살았을 적의 아버지 행보를 기억으로 더듬었다. 이를 드러내고 웃으면서 조문객들이 비우고 간 육개장 대접과 전 접시에 남은 기름기를 닦아내고 말갛게 헹궜다.

장례식 날은 햇볕이 쨍하고 하늘은 더없이 파랬다. 모든 게 투명하게 보였다. 마치 아버지의 삶이 그랬던 것처럼 너무 맑아서 실감이 나지 않았다. 굽이굽이 걸려있던 안개가 서서히 길을 터 주었다. 아버지의 흙집은 앞이 탁 트여서 멀리 우뚝 솟아있는 노적봉도 한눈에 들어왔다. 진분홍 진달래가 지천으로 피었고 더덕 향이 산자락을 뒤덮었다.

머리에 흰 수건을 두른 상두꾼들이 꽃상여를 떠메고 비탈길을 올라간다. 요령잡이의 구성진 선창에 상두꾼들의 후창이 이어지면서 행상소리가 온산에 너울너울 울려 퍼졌다. 간절하게 오실 날을 일러달라고, 아무리 산천이 떠나갈 듯 물어봐도 대답이 있을 리 만무하다. 살아생전에 하지 못했던 일들이 상엿소리에 일깨워졌다. 햇볕에 달궈진 종이꽃이 내 마음처럼 바스락거렸다. 아버지의 쓸쓸한 마음인 양 휘장이 바람에 이리저리 펄럭였다. 새파란 찔레 머리가 하얀 꽃을 피워두고 옆으로 슬쩍 비켜섰다.

군자란과 구피는 길동무가 생겨 심심하지는 않겠다. 우연하게도 같은 날 생을 마감했으니 시절 인연을 이야기하며 함께 걸을 것 같다. 주황색 꽃잎으로 구피를 돌돌 말아서 군자란 화분에 묻었다. 다음 생에는 서로 자리를 바꿔서 자유로이 물길을 내며 살아보고 고고한 성품으로 한곳에 머물러보았으면 하는 마음도 곁에 두었다. 내게 준 행복을 기억할 것이다.

잠시 눈을 감았다. 주황색 꽃잎에 생기가 돌고 지느러미를 흔드는 구피가 어른거린다. 아버지의 꽃상여가 너울너울 춤을 춘다. 찔레꽃머리에 찾아온 이별은 왜 이다지 생생한 걸까.

멋 내기

아침에 눈을 뜨면 다림질로 하루를 시작한다. 편안하고 구김살 없는 날이 되기를 바라며 아이들의 교복 셔츠를 다린다. 누구는 귀찮아서도 못한다지만 이것은 아이들에게 해줄 수 있는 나만의 특권이다. 그러기에 더 즐겁다. 정갈하게 손질된 옷을 입고 현관문을 나서는 아이들의 뒷모습을 바라보면 흐뭇하기 그지없다.

지난해에 넣어둔 춘추복을 꺼내어 다시 손질한다. 봄에 입었을 땐 하얗던 셔츠가 누르스름하게 변했다. 빛바랜 색깔 속에는 날마다 품었던 아이들의 희망과 생각이 땀방울이 되어 고스란히 스며들었으리라. 딸애는 몇 달만 입으면 교복도 이제 안녕이다. 남아있는 시간도 깨끗하게 입히고 싶은 게 나의 바람이다.

표백제를 풀어 셔츠를 담갔다. 시간이 지나고 셔츠의 누르스름한 끼가 빠지면서 다시 하얗게 피어나는 듯하다. 물기를 탈탈 털고 빨래 건조대에 걸어두었다. 셔츠 위로 햇볕이 눈이 부시게 쏟아져

내린다. 하얘진 셔츠를 입은 아이들은 어떤 마음이 들까. 어떤 꿈을 그리며 학교를 오고 갈까. 꿈꾸던 미래에 다다른 아이들이 환하게 웃고 있는 모습을 상상해 본다.

내게도 섬마을 선생님이 되어 보고, '오 솔레 미오'와 '사월의 노래'를 부르는 성악가도 되어 보고, 두근거리는 낭만도 적당히 섞어서 독자들의 마음을 움직이는 소설가가 되는 꿈을 꾸던 학창 시절이 있었다. 날마다 교복을 빨아서 다림질하며 미래를 그렸다.

교복은 동복과 하복으로 계절을 나누었다. 동복은 와이셔츠가 따로 없고 재킷에 하얀 카라를 탈부착하게 되어 있었다. 두 개로 번갈았으며 다림질은 필수였다. 날마다 바느질로 꿰매는 일이 번거로워 똑딱 단추를 달았다. 하얀 옷깃은 여학생의 청순한 이미지를 더욱 빛나게 해주었다.

그때는 표백제가 따로 없었다. 빨랫비누와 가루비누가 전부였다. 세숫대야에 하복 셔츠가 잠길 만큼 물을 붓고 파란 잉크 몇 방울을 떨어뜨렸다. 농도를 잘 맞추는 게 중요했다. 셔츠를 넣고 한 시간가량 담가두었다. 시간이 지나자 누렇던 옷이 조금씩 변하여 푸릇한 기운이 서린 안개빛 같았다. 파란 잉크 한 방울이 부려낸 마술에 감탄하여 눈으로 보고도 실감이 나지 않았다.

흰 운동화도 뒤축이 닳아서 비 오는 날 물이 질금질금 새어들지 않는 이상 새것같이 신을 수 있었다. 깨끗이 씻은 후 운동화에 치약을 골고루 발라서 햇볕이 잘 드는 장독대에 세워두면 물기가 마르면서 하얘졌다. 손으로 만져보면 가슬가슬한 게, 마치 흰빛이 살아 움직이는 것 같았다.

검은 구두와 흰 운동화는 학교에 오고 갈 때, 검정 운동화는 체육 시간에만 신었다. 혹여 친구들이 흰 운동화를 빌려달라고 하면 슬며시 고개를 흔들었다. 공들여 하얘진 것을 내가 신기도 아까운데 빌려줄 수는 없는 일이었다. 애지중지하는 마음에 크기가 안 맞는다거나 구두를 신고 왔다며 속 보이는 거짓말을 늘어놓았다.

점심시간이면 수돗가에 가서 옷솔로 교복의 먼지를 털었다. 언니에게 물려받아서 삼 년이나 닳은 옷이었다. 낡아서 생긴 번들거림이 더 심해지지 않기를 바라며 그 짓을 멈추지 않았다. 누구한테 잘 보이려고 하느냐지만 정갈하게 입고 싶은, 순전히 자기만족 차원이었다.

요즘 학생들의 멋 내기는 나와는 차이가 난다. 셔츠의 길이를 줄이거나 치마의 주름을 터서 입고 나닌다. 치마 길이도 줄여서 속바지가 보일 듯 말 듯 하여 보는 사람이 더 신경이 쓰일 때가 있다. 너무 짧아서 계단을 겨우 오른다. 그럼에도 활동하는 데 불편함이 없다는 말은 어떻게 받아들여야 할까. 멋을 위해서는 다소 불편함도 감수할 수 있는 나이라고 이해는 하면서도 흔쾌하게 받아들일 수 없는 것은 왜일까. 세상이 점점 무서워지고 있는 탓이다. 딸내미들 옷차림에 신경 쓰이는 건 엄마의 눈으로 보기 때문이다.

멋 내기는 인류가 시작되던 선사시대부터 시작되었다. 색깔 넣은 천을 두르고 다니면서 질병이나 벌레로부터 신체를 보호했다. 동물의 뼛조각이나 조개껍데기로 장신구를 만들어 치장하면서 사냥의 염원을 담았다. 고대인들이 겉모습에만 치중한 게 아니라 주술적인 염원을 담았듯이 나 또한 조급함을 늦추고 편안하기를 바라는 마음을 넣는다. 가능한 긍정적인 눈으로 세상을 넓게 바라볼 수 있도록 자신을 갈고닦아서 내면까지 진짜 멋을 내고 싶음이다.

매일 다림질을 하면서 휘거나 꺾어지려는 마음과 덧없이 자라나는 욕심도 함께 다스린다. 또한 아이들이 구김살 없이 올곧고 환한 사람으로 자라기를 기도한다.

꽃이 슬퍼
보일 때가 있다

오랜만에 그녀를 보았다. 지하 슈퍼에서 물건을 계산하고 나오는 길이었다. 그동안 무탈하게 살고 있었던 것 같아 반갑다. 머리가 희끗희끗해진 걸 보니 그녀에게도 세월이 지나갔나 보다. 씩씩한 걸음걸이와 자기만의 세계에 빠져 있는 모습은 여전하다. 달라진 게 있다면 낯빛이 조금 밝아진 것 같다. 그녀에게도 봄이 오고 있는 걸까.

수십 년 전 그녀는 날마다 아이에게 마스크를 씌워서 학교에 보냈다. 처음에는 감기에 걸렸나 싶었는데, 아니었다. 모자를 씌워도 초등학교 저학년이니 저항 없이 받아들였는지 그 행위는 계속되었다. 분명 나름의 이유가 있겠지만 보는 사람만 답답하게 생각될 뿐이었다.

그녀는 길을 갈 때도 혼자 중얼거리며 걸었다. 땅만 바라보면서 그녀 안에 있는 누군가와 대화를 나누며 꿋꿋하게 목적지를 향해 나아갔다. 아파트 정문에 있는 소나무 아래 앉아 담배 한 개비를 입에 물고 허공으로 연기를 뿜어댄다. 삶을 고민하는 여느 사람들처럼 무슨 생각을 골똘히 하고 있다. 아주 평범한 모습인데, 평범하지는 않았다.

그녀에 대한 소문은 날로 무성해졌다. 누군가의 몸짓에 짓밟혀서 본성을 잃어버렸다는 몹쓸 말까지 떠돌아다녔다. 안 보는 척하면서도 한 번씩은 슬쩍 쳐다보곤 하던 주민들은 그 말을 듣고 분노를 일으켰다. 풍문이든 아니든 안쓰러운 마음을 자아내기는 충분했다. 소문은 불같이 번졌다가 점점 사그라들었다. 의구심도 줄어들고 그녀의 이야기도 잠잠해지면서 무관심으로 잊혔다.

잊힌 기억 속에서 내가 어릴 때 보았던 어느 모녀가 생생하게 다가온다. 길섶에 연둣빛 모자가 하나둘 눈에 띄기 시작할 무렵 그 모녀가 우리 동네로 들어왔다. 젖먹이를 등에 업은 그녀는 영 정신을 놓은 것도 아니고, 보편적인 삶도 아니었다. 밀썰물이 오고 가며 모래벌판에 닿듯 경계를 넘나드는 듯 보였다.

그녀는 햇볕이 내리쬐는 흙 담장 아래 앉아 아기에게 젖을 물렸다. 무엇 때문인지 방으로 들어오라는 마을 사람들의 호의를 단호하게 물리쳤다. 땟국이 줄줄 흐르는 그녀 위로 따사로운 햇살이 녹진하게 내려앉았다. 보드라운 아기 볼에도 살며시 스며들었다. 쑥과 냉이 향을 따라 모녀는 여기저기 떠돌아다녔다. 그녀가 봄바람에 헤실헤실 웃으며 지나가는 길에는 온갖 야생화들이 피어나

꽃 천지가 되었다.

누군가 그 모녀를 구해야만 한다는 말에 동네 사람들이 팔을 걷어붙이고 나섰다. 아기를 보육원에 주거나 자식 없는 집에 입양 보내자며 뜻을 모았다. 아기가 더 나은 환경에서 자라도록 해보자고 그녀를 설득하고 달래봤지만 부질없는 일이었다. 아기는 엄마 품이 최고라는 듯 사람들에게 빼앗길까 봐 두려움에 떠는 눈치였다. 숨이 막힐 듯 꼭 끌어안고선 품에서 놓지 않았다. 이구동성으로 들려오는 사람들의 말이 불안을 안겨줬을까. 그녀는 결국 소리 없이 동네를 떠나버렸다. 어린 것을 데리고 어디로 헤매고 다니는지, 어느 길 위에서 아기와 함께 온기를 느끼는지, 한동안 그 모녀에 대한 걱정으로 동네는 우울했다.

그녀에 대해 아는 사람은 아무도 없었다. 어디론가 흘러 다녔다는 것만이 전부였다. 혹자는 그녀에게 자기 앞가림도 못하면서 아기를 왜 낳았냐고 비아냥거렸다. 안타까워서 한 말이겠지만, 아무리 그래도 함부로 할 말은 아니었다. 자식을 낳고 길러본 사람들은 그 마음을 충분히 알고도 남는다. 그녀에게 감당할 수 없을 만큼의 충격적인 일들이 일어났을지도 모른다. 자식을 거두는 일은 엄마의 본능이었을 테다. 사정도 모르는 사람들의 비난이 그녀를 세상 밖으로 내몰았을 수도 있다. 어느 날 홀연 봄 길을 따라가더니 돌아오지 않았다. 봄은 쑥쑥 자라서 금방 잎을 달고 꽃을 피웠다. 그녀가 떠나간 자리에는 오래도록 꽃이 피지 않았다.

무관심이 지나친 관심보다 나을 때가 있다. 다시 무표정하게 지나간 그녀의 뒷모습을 물끄러미 바라본다. 새가 날아가고 없는 나뭇가지처럼 쓸쓸함이 엿보인다. 그때 그 아들은 성장해서 자기 길을 찾아갔을 테다. 남들은 알 수 없는 그녀의 아픔은 운명이었을까. 그럼에도 저 씩씩한 걸음걸이가 아니었더라면 어떻게 긴 겨울을 지나왔을까 싶다. 오늘따라 그녀의 걸음걸이가 누구보다 건강해 보인다.

봄은 꿈꾸는 소리를 낸다. 가지마다 물오르는 소리가 세상에 가득하다. 그녀도 언젠가는 꽃망울 터지는 소리를 들으며 활짝 웃을 날이 올 것이라고, 나는 믿는다. 그런데도 가끔 꽃이 슬퍼 보일 때가 있다.

새내기 선장

바다만 봐도 무서운 내게 아들이 배를 하나 장만해 주었습니다. 눈으로는 가늠할 수 없는 아주 커다란 배였어요. 우리 아들이 최고인 줄 알고 자랑했더니 세상에는 그 이름을 가진 배가 부지기수였습니다. 아들 가진 엄마들은 한 번은 선물로 받는다고 했습니다. 언니들도 이미 한 척씩 가지고 있습니다.

내게 온 배의 이름은 '시어머니 호'입니다. 아무런 준비도 없이 어느 날 선장이 되었습니다. 아직은 배에 오르기 싫다고, 준비 과정이 필요하니 시간을 달라고 할 겨를도 없었습니다. 국가에서 부여하는 항해사 자격증이 없어도 괜찮다고 하니 기쁜 마음으로 받았습니다. 모든 것을 포용할 수 있는 큰 그릇이면 좋은데 저는 그만하지 못해서 걱정입니다. 생각하기에 따라 편안할 수도 있고 엄청 불편할 수도 있는 그런 배랍니다.

선장이 된 지 삼 일째가 되었습니다. 첫 비행기를 타고 제주로 신혼여행 간 아들에게 느지막이 전화가 왔습니다. 잘 도착했다는 안부 전화였어요. 눈치 없이 며느리가 곁에 없을 때 전화했는지 기다리던 예쁜 목소리는 들려오지 않네요. 말 못할 사정이 있으려니 생각하며 전화를 끊었습니다. 식구가 늘었으니 행복도 배가 되리라 믿어 봅니다.

아들이 신혼여행에서 돌아왔습니다. 며느리가 우리 집에서 처음 먹는 밥이라 무척 신경 쓰였지요. 갈비, 잡채, 문어숙회 등 없는 솜씨를 한껏 발휘하여 밑반찬도 만들었습니다. 며느리가 좋아하는 두부조림과 아들이 좋아하는 소고기뭇국도 끓였습니다.

화기애애하게 식사를 마쳤어요. 며느리가 일어나서 빈 그릇을 거두려고 하자 아들이 얼른 낚아채며 저기에 가서 앉아 있으라며 소파를 가리킵니다. 아들은 장가드는 날부터 며느리의 남편이 된다더니 맞는 말 같습니다. 엄마는 안중에도 없습니다. 어제부터 혼자 고생하고 있는데도 아들 눈에는 며느리만 보이는 모양입니다. 이럴 때가 올 것 같아 미리 마음 비운다고 비웠는데 여전히 남아있었는지 왠지 섭섭한 마음이 듭니다. 녀석이 말 안 해도 내가 말렸을 텐데, 아들 키워봐야 헛거라더니 실감나는 순간입니다.

그 속도 모르고 딸아이는 옆에서 이러지 마라, 저러지 마라, 종종 훈수를 둡니다. 친구들 이야기를 듣고 와서 아들 집에 자주 가지 말고, 전화 안 한다고 나무라지 말고, 집 비밀번호도 알려고 하지 말라며 교육합니다. 며느리 부상 시대가 왔나 봅니다. 나도 그럴 마음은 눈곱만큼도 없는데 괜히 억울해서 속이 상합니다.

우리 나이는 어른도 모시고 자식까지 돌보느라 자신을 잃어버린 낀 세대입니다. 내가 웃어야 세상이 웃는다는 말이 삶의 첫 줄이 되었습니다. 이 자리가 마냥 좋은 것만은 아닌 것 같습니다. 드라마에서는 시어머니가 최고 자리던데 드라마는 드라마일 뿐입니다.

'장모 호'라는 배를 몰고 항해 중인 친구를 자주 만납니다. 물결이 잔잔한 날 바다 한가운데 배를 띄워놓고 서로 간의 고충을 나누며 시간을 보내지요. 그 배도 만만하지는 않더라고요. 친정엄마라 편해서 그런지 툭하면 불러대고 밑반찬이며 집에 가서 청소까지 해줍니다. 손주까지 돌봐주고 돌아오는 날이면 내 인생은 어디 있나 싶어서 눈물이 나더랍니다. 남의 일 같지 않아서 함께 훌쩍거렸습니다. 요즘 애들은 부모가 해주는 걸 당연하게 여기며, 엄마도 자신만의 시간이 필요하다는 것을 모른다며 서로 고개를 끄떡였습니다. 장모 호 선상님은 나보다 더 고된 듯도 하고 비슷한 것 같기도 했습니다. 동병상련이라며 서로 위로하고 격려하면서 살고 있습니다.

아들 결혼식 날 사돈 손을 잡고 가까이 살고 있으니 무슨 일이 생기면 마음 다해 도와줄 테니 염려 마시라며 약속드렸습니다. 그건 자신과의 약속이기도 합니다. 책임감 있는 아이라 잘할 거라고 어디 가서 하지도 않는 아들 자랑을 조금 했습니다. 물기 어린 눈으로 제 손을 잡아주던 사돈의 얼굴이 잊히지 않습니다. 아직 경험해 보지 않았지만, 딸 가진 부모 마음이 헤아려졌습니다. 자식을 나눠 가졌으니, 하늘이 주신 인연 소중하게 이어가야겠습니다.

기대 반 설렘 반으로 항해를 시작합니다. 풍랑을 만나거나 선박이 위험에 빠졌을 때 지혜롭게 대처할 수 있을지, 도착지까지 항로를 벗어나지 않고 무사히 항행할 수 있을지, 푸른 물결에 몸을 맡겨보겠습니다. 아직 새내기지만 이왕 선장이 되었으니 망망대해를 달리며 아름다운 풍경을 찾아봐야겠습니다. 푸른 바다 위에 배를 띄웁니다. 햇살에 윤슬이 반짝이고 있습니다.